Pilze, Schwämme oder Schwammerl

versprechen einen besonderen kulinarischen Genuß.
Zuchtpilze können Sie das ganze Jahr über saftig
frisch beim Gemüsehändler kaufen. Und in der Pilz-
saison gibt es die heimischen Delikatessen aus dem
Wald – vielleicht sogar selbstgesammelt.
Zum Kennenlernen helfen Ihnen unsere »Porträts«, die
alle im Buch verwendeten Pilze in Wort und Bild vor-
stellen. Außerdem erfahren Sie Wissenswertes über
das Sammeln und Putzen.
Lassen Sie sich's schmecken!

Die Farbfotos gestalteten Odette Teubner
und Dorothee Gödert.

Ratschläge für Pilzsucher

Erstes und oberstes Gebot für jeden Pilzsammler: Niemals einen Pilz – wie schön und frisch er Ihnen auch vom Waldboden entgegenleuchtet – mitnehmen und essen, wenn Sie nicht mit absoluter Sicherheit wissen, daß es eine ganz bestimmte eßbare Art ist und nur die sein kann! Keine Experimente – das ist das eherne Gesetz des Pilzwaldes. Die meisten Pilzsucher beschränken sich sowieso auf vier oder fünf ihnen gut bekannte Arten. Wer sein Repertoire erweitern möch-

te, muß den Rat eines anderen erfahrenen Sammlers oder eines Pilzberaters einholen. Natürlich sammeln Sie auch nicht mehr Pilze, als Sie wirklich brauchen und möglichst noch am selben Tag zu einem Pilzgericht verarbeiten können. Ausnahmen bilden Pilze, die sich gut zum Konservieren eignen, wie etwa Steinpilze, Maronen, Herbsttrompeten und einige andere. Schon bei der Ernte im Wald sollten Sie aber bedenken, daß sich nur junge, frische Exemplare für eine längere Aufbewahrung eignen. Zur Ausrüstung des Pilzsammlers gehört ein Korb, durch des-

sen Geflecht Luft an die Pilze kommen kann und in dem sie nicht zusammengedrückt werden. Auf keinen Fall dürfen Sie den wertvollen Fund in einer Plastiktüte befördern, sonst beginnt sofort ein Fäulnis- und Zersetzungsprozeß.
Ein scharfes Messer dient nicht nur dazu, die Pilze unmittelbar über dem Boden abzuschneiden, damit das Pilzgeflecht darunter möglichst unbeschädigt bleibt. Mit dem Messer können Sie die Pilze gleich an der Fundstelle putzen, das heißt Erdreste vom Stengel abkratzen, bei manchen Pilzen auch die schleimige Huthaut entfernen. Schneckenfraß wird ausgeschnitten, und auch Tannennadeln und Blätter sollten Sie von den Lamellen oder Röhren entfernen.

Pilze putzen macht wenig Mühe: alle schlechten Stellen wie Schneckenfraß ausschneiden und die Pilze mit einem feuchten Tuch abwischen.

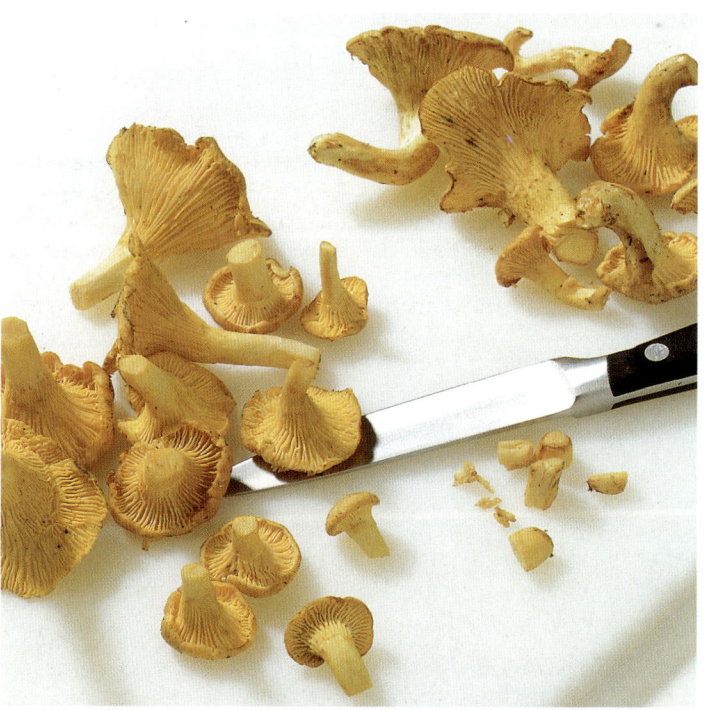

Pilze in der Küche

Zu Hause brauchen die meisten Pilze weder geschält noch abgeschabt zu werden, es genügt, wenn Sie sie nochmals auf Schneckenfraß und Madengänge untersuchen. Dazu schneiden Sie sie am besten der Länge nach durch und entfernen sorgfältig, aber sparsam alle zutage tretenden »Wurmlöcher«. Pilze, die durch und durch madig sind, können Sie leider nicht verwenden. Allzu gründliches Waschen bringt Pilze um einen großen Teil ihres feinen Aromas; auf keinen Fall sollten Sie sie längere Zeit im Wasser liegen lassen, denn dann saugen sich manche Arten voll wie

Schwämme. Bei vielen Pilzarten genügt es sogar, sie mit einem feuchten Tuch abzuwischen. Das gilt natürlich nicht für solche, in deren Lamellen oder Falten sich Insekten und Schmutz verbergen können. Bei den edlen Morcheln beispielsweise kommen Sie nicht ohne gründliches Waschen aus.

Die Pilze oder Pilzhälften nur kurz unter den Wasserstrahl halten, dann auf Küchenpapier oder einem Tuch abtropfen lassen. Erst wenn sie wieder fast trocken sind, werden sie in Scheiben, Streifen oder Würfel geschnitten.

Die Stiele mancher Pilzarten sind zäh und schmecken deshalb frisch nicht besonders. Sie können sie aber trocknen und dann zu Pilzpulver mahlen, das sich gut zum Würzen von Suppen und Saucen eignet.

Ideal ist es, wenn Sie Wildpilze gleich am selben Tag zubereiten und essen. Ist das nicht möglich, die Pilze sorgfältig putzen und ungewaschen im kühlen Keller auf einem Papier oder im Gemüsefach des Kühlschranks, in ein Tuch gewickelt, einen Tag aufbewahren.

Pilze richtig zubereiten

Natürlich hat jede Pilzart ihre besondere Eigenart und Konsistenz und vor allem ihr unverwechselbares Aroma, das Sie bei der Zubereitung unbedingt unterstützen sollten. Für fast alle Pilze gilt, daß sie nicht unnötig lange gebraten, gedünstet oder gekocht werden sollen.

Beim Braten von Pilzen tritt anfangs viel Flüssigkeit aus. Lassen Sie diese bei starker Hitze unter Rühren vollkommen einkochen.

Die Zeiten hängen natürlich auch von der Zubereitungsart ab. Pilze, die in der Pfanne 15 Minuten brauchen, sind auf dem Grill in wenigen Minuten fertig. In heißem Fett schwimmend ausgebackene Pilze sind gar, sobald die Panade knusprig goldgelb ist – meist nach 2–3 Minuten.

Werden Pilze gebraten, sind sie frühestens fertig, wenn die Pilzflüssigkeit, die beim Garen austritt, wieder vollständig eingekocht ist. Mit Gewürzen geht man eher sparsam um. Der charakteristische Geschmack jedes Pilzes soll ja nicht zugedeckt, sondern hervorgehoben werden. Gut vertragen sich Pilze mit Petersilie, Kerbel, Majoran, Thymian und Schnittlauch. Knoblauch, Lauch und

Zwiebeln sind in Maßen ebenfalls gute Zutaten.

Sie können Pilze dünsten, schmoren, braten, kochen, fritieren oder grillen; sie passen als würzige Beigabe in viele Gemüsegerichte, schmecken vorzüglich in Gratins und Aufläufen oder auf Pizza, sie verfeinern Salate, Ragouts, Saucen und Fleischgerichte. Pilzmahlzeiten sollten Sie immer so bemessen, daß keine Reste übrigbleiben. Kommt dies doch einmal vor, können Sie die Überbleibsel in einem geschlossenen Gefäß noch 24 Stunden im Kühlschrank aufheben. Pilzgerichte mit Eiern oder Mayonnaisesalate mit Pilzen dürfen Sie auf keinen Fall aufbewahren, da sie sehr leicht verderben.

Pilze konservieren

Wildpilze, die Sie nicht gleich zubereiten, können Sie auf verschiedene Weise konservieren. Tiefgefrieren: Die Pilze nach dem Putzen und Waschen in Scheiben oder Stücke schneiden, kurz blanchieren und nach sorgfältigem Trockentupfen portionsweise einfrieren. Sie sind so mehrere Monate haltbar. Fertige Pilzgerichte sollten Sie dagegen nicht tiefgefrieren, da sie leicht verderben. In Essig einlegen: Dieses Konservierungsverfahren eignet sich für manche Pilze wie kleine Champignons genauso wie für Gurken und Zwiebeln. Die Pilze putzen und waschen. Eine Mischung aus 2 Teilen

Essig und 1 Teil Wasser mit Salz, Zucker, Pfefferkörnern, Lorbeerblättern und Kräutern nach Geschmack zum Kochen bringen. Die Pilze darin 2–3 Minuten kochen, mit dem Schaumlöffel aus dem Sud heben und in saubere Gläser geben. Den kochenden Essigsud darüber gießen. Die Gläser sofort verschließen; die würzigen Essigpilze halten sich monatelang. Einmal geöffnet, müssen die Pilze allerdings zügig verbraucht werden. In Öl einlegen: Bei dieser Methode kochen Sie die geputzten Pilze (eine besondere Delikatesse sind kleine Steinpilze in Öl) etwa 15 Minuten in Essig, lassen sie darin abkühlen und geben sie an-

schließend mit den gewünschten Kräutern und Aromen in ein Glas. Den Essig darauf gießen und zum Schluß einen Fingerbreit gutes Olivenöl darüber füllen. Die Gläser sofort fest verschließen. Trocknen: Getrocknete Wildpilze haben ein intensives Aroma und geben jedem Gericht eine besondere Würze. Sie werten Saucen und Suppen, Fleisch- und Gemüsegerichte auf. Die Pilze sorgfältig putzen und in dünne, nicht zu kleine Scheiben schneiden. Dann auf Tabletts oder Backblechen ausbreiten und an einem luftigen Platz im Freien oder, bei feuchter Witterung, im Backofen bei 60–70° trocknen. Beim Trocknen im Ofen soll die Back-

Pilze lassen sich auf raffinierte und köstliche Weise konservieren. Besonders gut schmecken sie in Essig oder Öl eingelegt oder als ungewöhnliches Gewürz: getrocknet und zu Pulver vermahlen.

ofentür einen Spaltbreit offenbleiben. Die knisternd trockenen Pilzstücke in Schraubdeckelgläser füllen und diese gut verschließen. An einem trockenen Platz aufbewahren. Vor dem Gebrauch die Trockenpilze in einem Sieb unter fließendem Wasser kurz waschen, danach in wenig Wasser einweichen. Nach etwa 10 Minuten können Sie sie samt dem aromatischen Einweichwasser verwenden.

Wildpilze oder Zuchtpilze?

Die Antwort auf diese Frage erforderte in den Jahren nach dem Unfall von Tschernobyl kein langes Nachdenken. Wildpilze waren so stark radioaktiv belastet, daß viele begeisterte Schwammerlsucher sich lieber anderen Hobbys zuwandten. Inzwischen geht man mit den Pilzfunden wieder unbefangener um, auch wenn die Belastung durch das langlebige Cäsium immer noch gegeben ist. Deshalb sollten Sie darauf achten, daß die Pilzportionen nicht allzu groß sind, und sich auf 2–3 Wildpilz-Mahlzeiten innerhalb einer Saison beschränken.

Anders als in früheren Zeiten fürchtet man sich heute weniger vor den natürlichen giftigen Inhaltsstoffen der Wildpilze als vor den Belastungen durch Schadstoffe aus der Luft, die manche Pilze allzu bereitwillig aufnehmen und in ihren Fruchtkörpern speichern. Da sind vor allem die gefährlichen Schwer-

metalle Cadmium, Blei und Quecksilber, die manche Pilze (wie Waldchampignons und Parasole) in hohen Dosen enthalten, und zwar nicht nur in der Umgebung von Industriestandorten.

Ein anderer Gesichtspunkt ist der allgemeine Zustand des Ökosystems Wald: Er ist so besorgniserregend, daß man eigentlich alles unterlassen sollte, was ihn weiter beeinträchtigen könnte. Pilze und Bäume leben in einer für beide wichtigen und manchmal lebensnotwendigen Symbiose, sind also aufeinander angewiesen. Wenn in den letzten Jahren über den Rückgang des Pilzreichtums unserer Wälder geklagt wurde, so hat das mit dem schlechten Allgemeinzustand des Waldes zu tun. Der Mangel an Wildpilzen ist ein Alarmzeichen, das auf den sich stetig verschlechternden Zustand des Waldes hinweist. Wenn der Wald also die Pilze zur Aufrechterhaltung seiner Funktionen braucht, so tun die Pilzliebhaber sicher gut daran, sich beim Sammeln zu beschränken oder in schwer geschädigten Waldgebieten ganz darauf zu verzichten! Schließlich ist eine akzeptable Alternative in Form von Zuchtpilzen geboten, die an kulinarischem Wert den Wildpilzen kaum nachstehen. Noch dazu sind sie dank ihrer geschützten Standorte praktisch frei von giftigen Schadstoffen aus der Luft. Ein weiterer Vorzug: Man bekommt sie das ganze Jahr über fast überall in gleichbleibender Qualität und in immer größer

werdender Auswahl. Und: Praktisch alle Wildpilzgerichte können Sie auch mit Zuchtpilzen zubereiten.

Gesundheitlicher Wert

Wildpilze und Zuchtpilze enthalten außer wertvollem pflanzlichem Eiweiß – das gilt vor allem für Steinpilze, Maronen, Shii-Take-Pilze und Zuchtchampignons – auch Vitamine und verschiedene Mineralstoffe wie Kalium, Phosphor, Magnesium und Eisen. Pilze wirken wegen ihres Duftes und angenehmen Aromas appetit- und verdauungsanregend. Wer seinen Fleischverzehr reduzieren möchte, sollte öfter mal eine Pilzmahlzeit einplanen, um seinen Eiweißbedarf zu decken und außerdem für Abwechslung in der Küche zu sorgen. Pilzgerichte sind allerdings schwer verdaulich, da die Zellwände der Pilze neben Zellulosen relativ viel unverdauliches Chitin enthalten. Deshalb sollten die Portionen nicht allzu groß ausfallen, vor allem am Abend. Mehr als ein oder zwei Pilzmahlzeiten in der Woche sollten Sie auch nicht einplanen. Manche Pilzarten wie der Pfifferling werden von Leuten mit empfindlichem Magen schlecht vertragen. Wer diese Schwäche bei sich kennt, verzichtet am besten darauf. Das gleiche ist natürlich Pilz-Allergikern anzuraten. Generell aber gilt, daß Pilze Naturprodukte sind, die unsere Ernährung reicher und abwechslungsreicher machen.

**Steinpilz
Boletus edulis**

Sein mächtiger, bräunlich marmorierter Stiel mit dem feinen hellen Netzwerk im oberen Teil hat diesem Pilz seinen Namen gegeben. Und auch der hell-, rötlich- oder dunkelbraune Hut, der bis zu 25 cm Durchmesser haben kann, ist bei frischen, jungen Exemplaren besonders kernig und festfleischig. Im Jugendstadium ist er halbkugelförmig, später flacher bis ausgebreitet. Die glatte, trockene Huthaut kann durch einen sommerlichen Regenguß schlüpfrig werden. Die auf der Unterseite des Huts sitzenden Röhren sind weiß, später grünlich-gelb. Man kann den Steinpilz allenfalls mit dem ungenießbaren, bitteren Gallenröhrling verwechseln, der jedes Pilzgericht verdirbt.

In der Küche: Beim Putzen nur Schmutz abkratzen sowie Schneckenfraß und Wurmlöcher sparsam ausschneiden. Ganz kurz waschen und trockenwischen. Steinpilze eignen sich für fast alle Zubereitungsarten. Garzeit: 4–10 Minuten.

Steinpilze in Sahnesauce

Zutaten für 4 Personen:
500 g Steinpilze
1 Zwiebel
50 g Butter · Salz
weißer Pfeffer, frisch gemahlen
1 Eßl. Mehl · 1/8 l Milch
1 Prise Nelkenpulver
Muskatnuß, frisch gerieben
2 Eßl. Crème fraîche
200 g Sahne
1 Bund Kerbel

Gelingt leicht

Pro Portion etwa:
1600 kJ/380 kcal
7 g Eiweiß · 33 g Fett
7 g Kohlenhydrate

● Zubereitungszeit: etwa
45 Minuten

1. Die Pilze putzen, waschen und in nicht zu kleine Stücke schneiden. Die Zwiebel schälen, sehr fein hacken, in 30 g Butter glasig braten. Die Pilzstücke dazugeben und bei starker Hitze so lange mitbraten, bis alle Flüssigkeit eingekocht ist. Mit Salz und Pfeffer würzen.

2. Für die Sauce die restliche Butter schmelzen, das Mehl darin anschwitzen, mit der Milch aufgießen. Mit dem Nelkenpulver, Muskat und Salz würzen, die Crème fraîche und die Sahne unterrühren.

3. Die Pilze unter die Sauce mischen. Den Kerbel waschen, fein hacken und unterziehen.

Steinpilze auf Toast

Zutaten für 4 Personen:
600 g Steinpilze · 6 Eßl. Olivenöl
1/2 Teel. Rosmarinnadeln
3 frische Salbeiblätter
1 Teel. frische Thymianblättchen
schwarzer Pfeffer, frisch gemahlen
2 Knoblauchzehen · Salz
4 Scheiben Toastbrot · Zitronensaft

Für Gäste

Pro Portion etwa:
1200 kJ/290 kcal
7 g Eiweiß · 16 g Fett
21 g Kohlenhydrate

● Zubereitungszeit: etwa
2 1/2 Stunden (davon
2 Stunden Marinierzeit)

1. Die Pilze putzen, waschen, in dünne Scheiben schneiden.

2. Aus dem Olivenöl, den Kräutern und Pfeffer eine Marinade rühren. Die Knoblauchzehen schälen, dazudrücken. Die Pilzscheiben damit übergießen und zugedeckt etwa 2 Stunden kühl stellen.

3. Eine schwere Pfanne erhitzen, die Pilze mit der Marinade hineingeben und bei starker Hitze 6–8 Minuten braten. Zwischendurch umrühren. Mit Salz würzen.

4. Die Brotscheiben toasten. Die Pilze darauf verteilen, mit Zitronensaft beträufeln.

Im Bild oben:
Steinpilze in Sahnesauce
Im Bild unten: Steinpilze auf Toast

Steinpilzhüte mit Pecorinokruste

Natürlich werden die Pilzstiele nicht weggeworfen, sondern für ein anderes Pilzgericht verwendet.

Zutaten für 4 Personen:
400 g Steinpilzhüte
5 Eßl. Olivenöl
schwarzer Pfeffer, frisch gemahlen
Salz · 1 Knoblauchzehe
1 Bund Petersilie
2 Thymianstengel
20 g Butter
50 g Pecorino, frisch gerieben

Exklusiv

Pro Portion etwa:
990 kJ/240 kcal
8 g Eiweiß · 20 g Fett
1 g Kohlenhydrate

● Zubereitungszeit: etwa
   35 Minuten

1. Die Pilzhüte putzen, waschen, trockentupfen und einmal quer halbieren. Im heißen Öl die Pilze auf jeder Seite etwa 2 Minuten braten. Mit Pfeffer und Salz würzen.

2. Die Knoblauchzehe schälen, die Petersilie waschen, beides fein hacken. Die Thymianblättchen abzupfen. Die Butter erhitzen, den Knoblauch und die Kräuter darin kurz anbraten.

3. Die Pilzhüte auf eine feuerfeste Platte setzen, die Kräuterbutter darauf verteilen und den Pecorino darüber streuen. Unter dem vorgeheizten Grill oder bei 200° so lange überbakken, bis der Käse etwas Farbe bekommt.

Kartoffelsuppe mit Steinpilzen

Zutaten für 4 Personen:
500 g mehligkochende Kartoffeln
2 Zwiebeln
1 mittelgroße Lauchstange
4 Eßl. Distelöl
1 Eßl. Paprikapulver, edelsüß
Salz
1 1/4 l Gemüsebrühe
150 g Steinpilze
20 g Butter
125 g Sahne
1 Bund Schnittlauch

Vegetarisch

Pro Portion etwa:
1400 kJ/330 kcal
6 g Eiweiß · 25 g Fett
24 g Kohlenhydrate

● Zubereitungszeit: etwa
   1 Stunde

1. Die Kartoffeln schälen und in Scheiben schneiden. Die Zwiebeln schälen und hacken. Den Lauch putzen, längs aufschlitzen, gründlich waschen und in Ringe schneiden.

2. Das Distelöl in einem Topf erhitzen, die Zwiebeln und den Lauch darin unter Rühren anbraten. Die Kartoffelscheiben dazugeben und ebenfalls leicht anbraten. Das Paprikapulver darüber streuen, salzen und unter Rühren die Gemüsebrühe angießen. Etwa 20 Minuten köcheln lassen.

3. Die Steinpilze putzen, waschen und in sehr dünne Scheiben schneiden. Die Butter in einer Pfanne erhitzen, die Pilzscheiben darin bei starker Hitze so lange braten, bis alle austretende Pilzflüssigkeit eingekocht ist. Die Pilze salzen.

4. Die Suppe mit dem Pürierstab pürieren und die Sahne einrühren. Nochmals abschmecken. Den Schnittlauch waschen und in Röllchen schneiden. Die Suppe auf Tellern anrichten, den Schnittlauch und die Pilze darauf geben.

Tip!

Wenn Sie keine frischen Steinpilze bekommen, können Sie auch getrocknete verwenden. Die Pilze kurz unter fließendem Wasser auf einem Sieb waschen und in wenig Wasser etwa 10 Minuten garen. Die Suppe pürieren und erst die Pilze, dann die Sahne unterrühren. Wer diese Suppe schärfer mag, kann 1/2 Teelöffel rosenscharfen Paprika dazugeben.

Im Bild oben:
Kartoffelsuppe mit Steinpilzen
Im Bild unten:
Steinpilzhüte mit Pecorinokruste

Ofenkartoffeln mit Steinpilzbutter

Kartoffeln und Pilze passen gut zusammen; hier gehen sie eine besonders harmonische Verbindung ein.

Zutaten für 4 Personen:
250 g Steinpilze
5 Frühlingszwiebeln
150 g Butter
2 Zweige frischer Thymian
weißer Pfeffer, frisch gemahlen
Salz
12 mittelgroße Kartoffeln
3 Eßl. Olivenöl
1/2 Teel. Kümmel
1/2 Teel. getrockneter Thymian
1 Knoblauchzehe

Läßt sich gut vorbereiten

Pro Portion etwa:
2700 kJ/640 kcal
10 g Eiweiß · 39 g Fett
59 g Kohlenhydrate

- Zubereitungszeit: etwa
  2 1/2 Stunden (davon
  2 Stunden Kühlzeit)

1. Für die Steinpilzbutter die Pilze putzen, kurz unter fließendem Wasser waschen und sorgfältig mit Küchenpapier trockentupfen. Anschließend die Pilze bis auf 1 oder 2 kleine Exemplare fein hacken.

2. Die Frühlingszwiebeln putzen, waschen und fein hacken. 20 g Butter in einer Pfanne erhitzen, die Zwiebeln darin glasig werden lassen. Die gehackten Pilze dazugeben und bei starker Hitze so lange braten, bis die austretende Pilzflüssigkeit eingekocht ist.

3. Die Blättchen von den Thymianzweigen abzupfen und zu den Pilzen geben, noch 1 Minute mitbraten. Die Pilze mit Pfeffer und Salz würzig abschmecken. Die Masse herausnehmen und abkühlen lassen.

4. Die abgekühlte Pilzmasse unter 120 g Butter mischen. Die Butter zu Kugeln formen und diese etwa 2 Stunden ins Gefrierfach stellen.

5. Den Backofen auf 220° vorheizen. Die Kartoffeln sorgfältig unter fließendem Wasser abbürsten, abtrocknen und der Länge nach halbieren. Die Schnittstellen abtrocknen.

6. Das Olivenöl mit dem Kümmel und dem Thymian verrühren. Die Knoblauchzehe schälen und durch die Presse in das Öl drücken. Die Kartoffelhälften auf den Schnittseiten damit bestreichen. Salzen.

7. Die Kartoffeln auf den Rost des Backofens legen und in den Backofen (Mitte; Gas Stufe 4) schieben. Die Kartoffeln 30–40 Minuten (je nach Größe) backen. Mit einer Nadel die Garprobe machen.

8. Die übrigen 1 oder 2 Pilze der Länge nach in dünne Scheiben schneiden. Die restliche Butter in die Pfanne geben und die Pilzscheiben von beiden Seiten darin je 2 Minuten braten. Salzen und pfeffern.

9. Die Kartoffelhälften auf einer großen Platte anrichten und erst kurz vor dem Essen die kalten Pilzbutterkugeln und je 1 Scheibe der gebratenen Steinpilze darauf setzen.

Tip!

Natürlich können Sie auch gleich eine größere Menge Pilzbutter zubereiten und die tiefgefrorenen Kugeln in einem Beutel für einige Wochen im Tiefkühlvorrat halten. Sie passen auch – in fast aufgetautem Zustand – auf ein gebratenes Hirschsteak oder Kalbsmedaillon.

Variante:
Eine preiswerte und zu jeder Jahreszeit mögliche Variante läßt sich mit Champignons oder Egerlingen zubereiten. Ofenkartoffeln mit Pilzbutter können Sie mit Salat als komplettes Abendessen, aber auch als besonders attraktive Beilage zu kurzgebratenem oder gegrilltem Fleisch servieren.

Wenn die Pilze sehr frisch sind, können Sie zum Schluß rohe statt gebratene Scheiben auf die Kartoffeln legen. Sie sind dann allerdings schwerer verdaulich.

Tortellini mit Steinpilzsauce

Zutaten für 4 Personen:

350 g Steinpilze

1 große Zwiebel

4 Eßl. Distelöl

400 g Tortellini mit Gemüsefüllung
(fertig gekauft)

Salz

2 Teel. (Dinkel-) Mehl

1/8 l Gemüsebrühe

125 g Sahne

weißer Pfeffer, frisch gemahlen

1 Bund Petersilie

50 g Parmesan, frisch gerieben

Vegetarisch • Schnell

Pro Portion etwa:
1900 kJ/450 kcal
17 g Eiweiß · 25 g Fett
40 g Kohlenhydrate

- Zubereitungszeit: etwa
  30 Minuten

1. Die Pilze putzen, kurz unter fließendem Wasser waschen und trockentupfen. Kleine Pilze der Länge nach teilen, große zuerst halbieren, dann quer in etwa 3 mm dicke Scheiben schneiden. Die Zwiebel schälen und fein hacken.

2. Das Öl in einer Pfanne erhitzen und die Zwiebel darin glasig dünsten.

3. Die Tortellini in reichlich sprudelnd kochendem, leicht gesalzenem Wasser garen; sie sollen noch Biß haben.

4. Die Pilzscheiben in die Pfanne geben und bei starker Hitze

unter häufigem Umrühren so lange braten, bis alle austretende Pilzflüssigkeit eingekocht ist. Das Mehl darüber stäuben und unterrühren. Mit der Gemüsebrühe und der Sahne aufgießen, 3–4 Minuten köcheln lassen. Mit Pfeffer und Salz würzen.

5. Die Tortellini in ein Sieb gießen und gut abtropfen lassen. Die Petersilie waschen, trockenschütteln und fein hacken.

6. Die Tortellini in einer Schüssel oder auf vier Tellern anrichten, die Pilzsauce darauf verteilen. Mit der Petersilie und dem Parmesan bestreuen.

Steinpilze in Olivenöl

Zutaten für 4 Personen:

400 g möglichst kleine Steinpilze

Salz

2 Eßl. Aceto balsamico (Balsamessig)

4 Eßl. Olivenöl, kaltgepreßt

1 Prise Zucker

schwarzer Pfeffer, grob gemahlen

Für Gäste • Schnell

Pro Portion etwa:
540 kJ/130 kcal
3 g Eiweiß · 10 g Fett
2 g Kohlenhydrate

- Zubereitungszeit: etwa
  25 Minuten

1. Die Steinpilze putzen, kurz waschen und trockentupfen.

Die Pilze der Länge nach so in etwa 2 mm dünne Scheiben schneiden, daß die Form der Pilze erkennbar bleibt.

2. 1/2 l schwach gesalzenes Wasser zum Kochen bringen. Die Pilzscheiben darin etwa 2 Minuten blanchieren, abgießen (das Kochwasser aufheben) und abtropfen lassen.

3. Die lauwarmen Pilzscheiben auf einem großen Teller oder vier Portionstellern anrichten.

4. Aus dem Essig, dem Olivenöl und dem Zucker mit dem Schneebesen eine Marinade aufschlagen und auf den Pilzen verteilen. Mit Pfeffer und grobem Salz übermahlen. Lauwarm oder kalt servieren.

Tip!

Das Wasser, in dem die Pilze blanchiert werden, können Sie für die Zubereitung einer Pilzsuppe verwenden. Schneiden Sie noch 1 weiteren Steinpilz oder auch einige andere Pilze wie Champignons oder Egerlinge in dünnen Scheiben hinein. Dann gießen Sie 1/2 l kräftige Gemüsebrühe an. Die Brühe etwa 10 Minuten kochen lassen. Als Einlage schmecken Croûtons oder kleine Klößchen.

Bild oben: Steinpilze in Olivenöl
Bild unten: Tortellini mit Steinpilzsauce

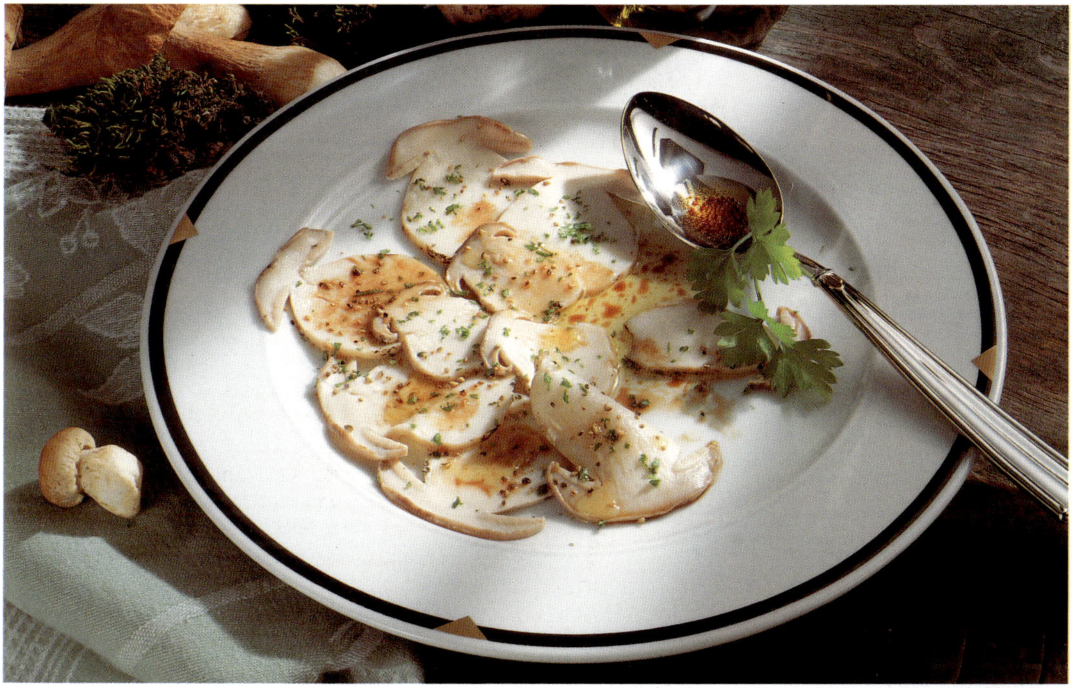

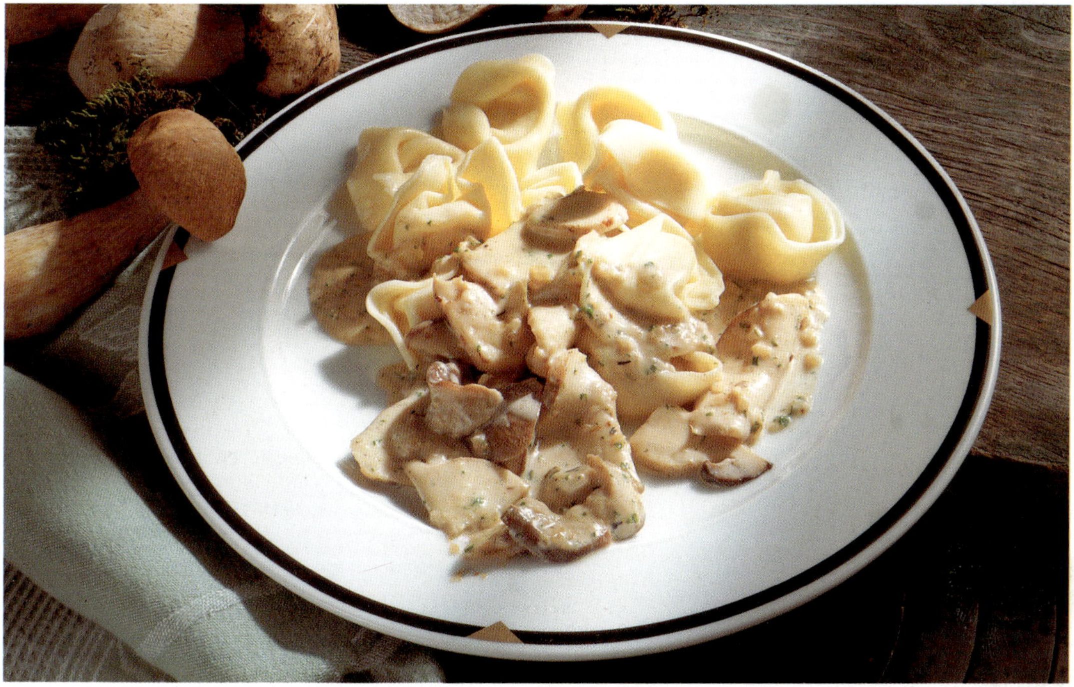

**Pfifferling
Cantharellus cibarius**

Die leuchtendgelben Fruchtkörper des aromatischen Pilzes sind im Nadel- und Laubwald und an Waldrändern kaum zu übersehen. Bei ganz jungen Exemplaren ist der Hut noch eingerollt, später wird er flach, und im Alter hat er Trichterform. Auf der Unterseite reichen gelbe Leisten vom Hut bis zum Stiel hinunter. Verwechslungsmöglichkeiten gibt es bei der Pfifferlingssuche kaum. Der Falsche Pfifferling mit seinen dünnen Lamellen ist zwar kein guter Speisepilz, aber auch nicht giftig.

In der Küche: Pfifferlinge machen kaum Putzarbeit, da sie selten von Maden befallen werden. Sie brauchen nur gewaschen und abgetrocknet zu werden. Sie können sie in dünne Streifen schneiden, kleine Exemplare sollten Sie ganz lassen oder auch halbieren beziehungsweise vierteln. Pfifferlinge sind schwer verdaulich, deshalb brauchen sie mindestens 15 Minuten Garzeit. Pfifferlingsgerichte mit Eiern nicht wieder aufwärmen!

Kalbsmedaillons mit Pfifferlingen

Zutaten für 4 Personen:
300 g Pfifferlinge
50 g Butterschmalz
8 Kalbsmedaillons (je etwa 100 g)
weißer Pfeffer, frisch gemahlen
Salz · 125 g Sahne
1 Bund Kerbel

Raffiniert

Pro Portion etwa:
1800 kJ/430 kcal
43 g Eiweiß · 26 g Fett
1 g Kohlenhydrate

• Zubereitungszeit: etwa
  45 Minuten

1. Die Pfifferlinge putzen, waschen und trockentupfen. Kleinere Pilze ganz lassen, größere in Scheiben teilen.

2. Das Butterschmalz erhitzen, die Kalbsmedaillons darin bei starker Hitze pro Seite etwa 2 Minuten braten. Mit Pfeffer und Salz würzen, herausnehmen und warm halten.

3. Die Pilze ins Bratfett geben und in etwa 20 Minuten unter gelegentlichem Rühren garen. Mit Pfeffer und Salz würzen und die Sahne angießen. Aufkochen und die Kalbsmedaillons mit dem ausgetretenen Fleischsaft darin erhitzen.

4. Den Kerbel waschen, trockenschütteln und fein hacken. Über Fleisch und Sauce streuen.

Risotto mit Pfifferlingen

Zutaten für 3 Personen:
300 g Pfifferlinge
1 mittelgroße Zwiebel
60 g Butter
300 g italienischer Rundkornreis
1 Knoblauchzehe · 1 l Gemüsebrühe
schwarzer Pfeffer, frisch gemahlen
Salz · 1 Teel. getrockneter Oregano
1 Bund Petersilie
60 g Parmesan, frisch gerieben

Vegetarisch

Pro Portion etwa:
2600 kJ/620 kcal
17 g Eiweiß · 25 g Fett
75 g Kohlenhydrate

• Zubereitungszeit: etwa
  50 Minuten

1. Die Pilze putzen und in 3 mm dicke Scheiben schneiden. Die Zwiebel hacken.

2. Die Zwiebel in der Butter glasig braten. Die Pilzscheiben dazugeben und anbraten. Den Reis hinzufügen und kurz anrösten. Den Knoblauch schälen, hacken und dazugeben. Mit der Brühe aufgießen. Zugedeckt in 20–25 Minuten garen.

3. Nach der Hälfte der Garzeit mit Pfeffer, Salz und Oregano würzen. Die Petersilie waschen und fein hacken. Unter den Risotto mischen und den Parmesan darüber streuen.

Im Bild oben:
Kalbsmedaillons mit Pfifferlingen
Im Bild unten: Risotto mit Pfifferlingen

Pfifferling-Gratins

Zutaten für 3 Personen:

300 g Pfifferlinge

30 g Butter

Salz

schwarzer Pfeffer, frisch gemahlen

2 Eier

2 Eßl. Crème fraîche

50 g Greyerzer, frisch gerieben

Muskatnuß, frisch gerieben

1 Teel. frische Estragonblättchen, fein gehackt

Butter für die Förmchen

Salatblätter zum Anrichten

Raffiniert

Pro Portion etwa:
1000 kJ/240 kcal
11 g Eiweiß · 21 g Fett
0,6 g Kohlenhydrate

● Zubereitungszeit: etwa
40 Minuten

Tip!

Wer möchte, kann die Salatblätter zum Anrichten mit Essig-Öl-Marinade beträufeln und zu dem Pilzgericht essen.

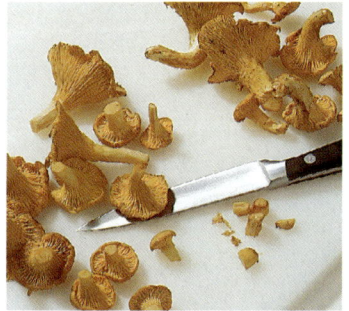

1. Die Pfifferlinge putzen, sorgfältig unter fließendem Wasser waschen und mit Küchenpapier trockentupfen. Die Pilze in dünne Scheiben schneiden oder auch ganz lassen.

2. Die Butter in einer Pfanne erhitzen, die Pilzscheiben darin kräftig anbraten. Unter gelegentlichem Rühren bei mittlerer Hitze etwa 15 Minuten braten. Die Pilze salzen und pfeffern. Den Backofen auf 220° vorheizen. Die Eier, die Crème fraîche und den Käse verrühren, mit Muskat und dem Estragon würzen.

3. Drei feuerfeste Förmchen ausbuttern, die Pilze darin verteilen, die Eimasse darüber gießen. Die Förmchen in den Backofen (Mitte; Gas Stufe 4) schieben. Die Pilze etwa 10 Minuten überbacken, bis die Eimasse gestockt und leicht gebräunt ist.

4. Die Förmchen aus dem Backofen nehmen und auf mit Salatblättern ausgelegten Tellern anrichten.

Pfifferlinge mit Rührei

Ein nur leicht veränderter Klassiker unter den Pfifferlingsrezepten, zu dem es traditionell knusprige Bratkartoffeln gibt.

Zutaten für 4 Personen:
250 g Pfifferlinge
4 Schalotten
1 rote Paprikaschote
50 g durchwachsener Räucherspeck
30 g Butter
5 Eier
125 g Sahne
Salz
1/2 Teel. Paprikapulver, edelsüß
1 Bund Schnittlauch

Schnell

Pro Portion etwa:
1500 kJ/360 kcal
12 g Eiweiß · 33 g Fett
4 g Kohlenhydrate

● Zubereitungszeit: etwa
30 Minuten

1. Die Pfifferlinge putzen, gründlich waschen, trockentupfen und in Scheiben schneiden. Die Schalotten fein hacken. Die Paprikaschote waschen und in Streifen schneiden. Den Speck würfeln, in der Butter auslassen. Die Schalotten, dann die Pilze dazugeben.

2. Die Pilzscheiben unterrühren und etwa 10 Minuten bei starker Hitze mitbraten, bis alle Flüssigkeit wieder verdampft ist. Zum Schluß die Paprikastreifen dazugeben und alles weitere 8 Minuten braten.

3. Die Eier mit der Sahne verquirlen, mit Salz und dem Paprikapulver würzen. Den Schnittlauch waschen, trockenschütteln und in Röllchen schneiden. Die Eimasse über die Pilze gießen, die Hälfte der Schnittlauchröllchen darauf streuen.

4. Die Eimasse bei mittlerer bis schwacher Hitze stocken lassen. Das fertige Rührei in Viertel teilen und auf einer Platte anrichten. Den restlichen Schnittlauch darüber streuen.

**Birkenpilz
Leccinum scabrum**

Kaum verwechselbar – allenfalls mit der nahe verwandten Rotkappe – steht er von Frühsommer bis Herbst mit seinem anfangs halbkugelförmigen, später flacheren braunen Hut im Birkenwald. Der dicke und zugleich hohe, mit grauen bis schwarzen Schuppen besetzte weiße Stiel, der an Birkenstämme erinnert, macht ihn zu einer leichten Beute für Pilzsucher. Nur feste, junge Exemplare lohnen allerdings den Transport. Und, wie gesagt, die Rotkappe *(Leccinum testaceoscabrum)* hat die gleichen Qualitäten und ist von ähnlichem Geschmack; es gibt sie auch im Eichenwald. <u>In der Küche:</u> Nicht erschrecken beim Putzen! Die bläuliche Verfärbung hat nichts zu bedeuten. Man verwendet nur festfleischige Pilze, die abgeschabt werden. Am besten beträufeln Sie das Fleisch von Birkenpilz und Rotkappe gleich beim Putzen mit Zitronensaft. Birkenpilze eignen sich gut zum Braten, aber auch für Saucen. Die Garzeit beträgt etwa 10 Minuten.

Birkenpilze mit Lecsó

Zutaten für 4 Personen:
300 g Birkenpilze oder Rotkappen
Saft von 1/2 Zitrone · 4 Schalotten
50 g durchwachsener Räucherspeck
3 spitze gelbe Paprikaschoten
2 Fleischtomaten
5 Eßl. Sonnenblumenöl
schwarzer Pfeffer, frisch gemahlen
Salz

Preiswert

Pro Portion etwa:
1000 kJ/240 kcal
6 g Eiweiß · 22 g Fett
8 g Kohlenhydrate

- Zubereitungszeit: etwa 50 Minuten

1. Die Pilze putzen, waschen, in dünne Scheiben schneiden und mit dem Zitronensaft beträufeln. Die Schalotten schälen und fein hacken. Den Speck würfeln. Die Paprikaschoten putzen, waschen und in Streifen schneiden. Die Tomaten häuten und grob hacken.

2. 3 Eßlöffel Öl in einer Pfanne erhitzen. Die Schalotten und die Speckwürfel darin glasig braten. Die Pilze bei starker Hitze etwa 12 Minuten mitbraten.

3. In einem Topf das restliche Öl erhitzen. Die Paprikastreifen darin scharf anbraten, die Tomaten dazugeben und 2–3 Minuten mitbraten. Das Gemüse unter die Pilze mischen. Mit Pfeffer und Salz würzen.

Birkenpilze mit Käse

Zutaten für 4 Personen:
500 g Birkenpilze (oder Rotkappen)
Saft von 1/2 Zitrone
1 Zwiebel · 1 Knoblauchzehe
40 g Butter
weißer Pfeffer, frisch gemahlen
Salz · 200 g Sahne · 2 Eigelb
2 Salbeiblättchen, fein gehackt
60 g Parmesan, frisch gerieben

Gelingt leicht

Pro Portion etwa:
1500 kJ/360 kcal
12 g Eiweiß · 32 g Fett
4 g Kohlenhydrate

- Zubereitungszeit: etwa 45 Minuten

1. Die Pilze putzen, in Scheiben schneiden und mit dem Zitronensaft beträufeln. Die Zwiebel und den Knoblauch fein hacken. Den Backofen auf 220° vorheizen.

2. Die Zwiebel in der Butter glasig braten. Die Pilzscheiben und den Knoblauch dazugeben, etwa 10 Minuten bei mittlerer Hitze braten. Salzen, pfeffern. 100 g Sahne angießen.

3. Die Eigelbe mit der restlichen Sahne, dem Salbei und dem Käse verquirlen. Die Pilze in einer feuerfesten Form mit der Eiersahne begießen. Im Backofen (oben; Gas Stufe 4) etwa 10 Minuten überbacken.

Im Bild oben: Birkenpilze mit Lecsó
Im Bild unten: Birkenpilze mit Käse

**Parasol
Macrolepiota procera**

Bis zu 30 cm Durchmesser kann der Hut eines Parasols oder Schirmpilzes haben, wenn man ihm auf Lichtungen und in hellen Laubwäldern begegnet. In der Jugend aber ist der Hut noch fest geschlossen und sitzt wie ein Ei auf dem hohen, ziemlich dünnen Stiel. Auf der Oberfläche des weißen Pilzes bleiben ein kleiner Buckel und die aufgerissene Huthaut in großen, dunklen Schuppen zurück. Die Lamellen sind reinweiß. Ein Charakteristikum des Parasols ist die häutige Manschette, die sich auf dem hellen, genatterten (schuppigen) Stiel verschieben läßt. Eine Verwechslung mit Giftpilzen ist beim ausgewachsenen Parasol kaum möglich; Sie sollten allerdings nur die großen Schirmpilze ernten, kleinere Arten können von zweifelhaftem Wert sein.
<u>In der Küche:</u> Klassische Zubereitungsart ist »Parasol Wiener Art«. Die Stiele werden nicht mitverarbeitet, da sie zäh und faserig sind.

Gebackene Parasole Wiener Art

Zutaten für 4 Personen:

500 g Parasolhüte

Salz

weißer Pfeffer, frisch gemahlen

2 Eier

100 g Mehl

100 g Semmelbrösel

etwa 300 g Öl zum Ausbacken

Preiswert • Schnell

Pro Portion etwa:
2000 kJ/480 kcal
11 g Eiweiß · 29 g Fett
38 g Kohlenhydrate

• Zubereitungszeit: etwa 30 Minuten

1. Die Pilzhüte putzen, waschen und sorgfältig trockentupfen. Von beiden Seiten mit Salz und Pfeffer bestreuen, etwas einziehen lassen. Die Eier in einem Teller leicht verschlagen.

2. Die Parasole zuerst im Mehl wenden, dann durch die Eier ziehen, schließlich in den Semmelbröseln wälzen. Die Panade mit beiden Händen vorsichtig andrücken.

3. Reichlich Öl in einer Pfanne erhitzen, die Pilzhüte darin in 2–3 Minuten auf beiden Seiten knusprig braun backen, herausnehmen und auf einem Gitter etwas abtropfen lassen. Ganz frisch und heiß servieren. Dazu schmeckt Sauce tatare.

Parasole in Bierteig

Zutaten für 2 Personen:

300 g Parasolhüte

Salz

weißer Pfeffer, frisch gemahlen

1 Ei

100 g Mehl

1/8 l helles Bier

etwa 300 g Öl zum Ausbacken

Vegetarisch

Pro Portion etwa:
3000 kJ/710 kcal
10 g Eiweiß · 54 g Fett
42 g Kohlenhydrate

• Zubereitungszeit: etwa 35 Minuten

1. Die Pilzhüte putzen, waschen und sorgfältig abtrocknen. Mit Salz und Pfeffer bestreuen, etwas einziehen lassen.

2. Aus dem Ei, dem Mehl, dem Bier und etwas Salz einen Teig rühren und etwa 5 Minuten quellen lassen.

3. Reichlich Öl in einer Pfanne erhitzen. Die Pilzhüte durch den Bierteig ziehen und knusprig goldgelb ausbacken, anschliessend auf Küchenpapier abtropfen lassen und sofort servieren. Dazu paßt eine Sauce aus Joghurt und frischen Kräutern.

Im Bild oben: Parasole in Bierteig
Im Bild unten:
Gebackene Parasole Wiener Art

**Butterpilz
Suillus luteus**

Zu erkennen ist der Pilz an seiner gelb- bis dunkelbraunen, schleimigen Huthaut, die Sie gleich am Fundort abziehen sollten. Der Hut, der bis zu 10 cm im Durchmesser mißt, ist anfangs halbkugelig und wird später flach. Darunter befinden sich die gelben Röhren, die beim jungen Pilz von einer Haut bedeckt sind. Reißt diese Hülle auf, so bleibt oben am Stiel ein dunkler Ring zurück. Auch der Stiel ist gelblich bis braun. Butterpilze kann man kaum mit giftigen Pilzen verwechseln.

In der Küche: Ist die Huthaut erst einmal entfernt, braucht nur noch der Stiel abgeschabt zu werden. Das zarte Fleisch, das man am besten in Scheiben schneidet, hat ein angenehmes Aroma und wird bevorzugt gebraten. Butterpilze schmecken aber auch in Füllungen für Geflügel, in Gemüseaufläufen und in verschiedenen Mischpilzgerichten. Die Garzeit beträgt 8–10 Minuten.

Kohlrouladen mit Butterpilzen

Zutaten für 4 Personen:
400 g Butterpilze
8 große Weißkohlblätter (von einem großen Kohlkopf)
Salz · 1 Zwiebel
3 Eßl. Sonnenblumenöl
200 g Rinderhackfleisch
schwarzer Pfeffer, frisch gemahlen
1 Ei · 1/2 l Gemüsebrühe
2 Teel. Speisestärke
1 Teel. gemahlener Kümmel
10 g getrocknete Steinpilze
100 g Sahne
3 Zweige frischer Majoran (oder 2 Teel. getrockneter)
Außerdem: Küchengarn

Braucht etwas Zeit

Pro Portion etwa:
1400 kJ/330 kcal
17 g Eiweiß · 25 g Fett
5 g Kohlenhydrate

- Zubereitungszeit: etwa 1 Stunde 20 Minuten

1. Die Butterpilze putzen, dabei die klebrige Huthaut abziehen. Die Pilze waschen, trockentupfen und hacken. Von den Weißkohlblättern die dicke Mittelrippe flach schneiden; die Blätter in sprudelnd kochendem Salzwasser etwa 5 Minuten blanchieren. Abgießen und abtropfen lassen.

2. Die Zwiebel schälen und fein hacken. Das Öl in einer Pfanne erhitzen, die Zwiebel darin glasig werden lassen.

Das Rinderhackfleisch darin unter Rühren anbraten, die gehackten Butterpilze dazugeben. Die Flüssigkeit einkochen lassen. Mit Pfeffer und Salz würzen. Das Ei unter die leicht abgekühlte Füllung rühren. Den Backofen auf 180° vorheizen.

3. Jeweils 2 Weißkohlblätter übereinanderlegen und mit jeweils einem Viertel der Pilz-Fleisch-Masse füllen. Die Kohlblätter fest einrollen und mit Küchengarn umwickeln.

4. Die Rollen in eine feuerfeste Form legen, die Gemüsebrühe erhitzen und angießen. Die Form in den Backofen (Mitte; Gas Stufe 2) stellen. Die Rollen in etwa 40 Minuten garen.

5. Die Kohlrouladen herausnehmen und warm halten. Die Brühe in einen Topf gießen und aufkochen. Die Speisestärke in etwas kaltem Wasser anrühren, dazugeben und etwa 3 Minuten kochen lassen.

6. Die getrockneten Steinpilze in einem Sieb kalt waschen, mit dem Kümmel in die Sauce geben und etwa 5 Minuten mitkochen. Die Sahne einrühren. Die Majoranblättchen hacken und in die Sauce streuen.

7. Die Pilzrouladen mit der Sauce servieren.

Dieses preiswerte Gericht ist alles andere als Hausmannskost, das feine Pilzaroma macht die Rouladen zu einer echten Delikatesse.

Morchel
Morchella conica

Wer je Morcheln an einem verschwiegenen Platz im Nadelwald gefunden hat, der sollte den Fundort wie ein Staatsgeheimnis hüten, denn mit großer Wahrscheinlichkeit wird er dort im folgenden Jahr wieder fündig. Die begehrten und entsprechend teuren Pilze tragen auf ihren zerfurchten, weißlichen Stielen spitze, dunkelbraune bis olivfarbene Hüte, die in zahlreiche Kammern geteilt sind. Sie erscheinen von März bis Juni. Ein gesuchter Speisepilz ist auch die rundere Speisemorchel *(Morchella esculenta)*. Für Ungeübte besteht bei beiden Pilzen Verwechslungsgefahr mit der giftigen Frühjahrslorchel, die um die gleiche Zeit erscheint. Deshalb besser einen Pilzberater hinzuziehen!
In der Küche: Morcheln sollte man in Maßen genießen, sie können schwer im Magen liegen. Zum Putzen halbiert man die Pilze und wäscht sie gründlich, bevor man sie in Scheiben schneidet. Ihre Kochzeit beträgt 6–8 Minuten; sie werden vorher blanchiert.

Morchelsahne-sauce

Zutaten für 4 Personen:
400 g Morcheln · 50 g Butter
1 Eßl. Grünkern- oder Weizenschrot
400 g Sahne
schwarzer Pfeffer, frisch gemahlen
Salz · 2 Bund Kerbel

Exklusiv

Pro Portion etwa:
1900 kJ/450 kcal
5 g Eiweiß · 42 g Fett
6 g Kohlenhydrate

● Zubereitungszeit: etwa
  45 Minuten

1. Die Morcheln halbieren, waschen und quer in dünne Scheiben schneiden. Nochmals unter fließendem Wasser waschen. Mit kochendem Wasser überbrühen, in einem Sieb abtropfen lassen.

2. Die Butter aufschäumen lassen. Die Pilze darin bei starker Hitze braten, bis die austretende Flüssigkeit eingekocht ist. Mit dem Grünkernschrot bestäuben und diesen kurz anschwitzen.

3. Die Sahne angießen, umrühren und etwa 5 Minuten kochen lassen. Mit Pfeffer und Salz würzen.

4. Den Kerbel waschen, trockenschütteln, fein hacken und über die angerichtete Sauce streuen. Die Sauce schmeckt zu allen Arten von Teigwaren.

Morchelcreme-suppe

Zutaten für 4 Personen:
200 g Morcheln
2 Bund Petersilie · 30 g Butter
3/4 l Gemüse- oder Geflügelbrühe
2 Eigelb
weißer Pfeffer, frisch gemahlen
Salz

Gelingt leicht · Für Gäste

Pro Portion etwa:
470 kJ/110 kcal
3 g Eiweiß · 10 g Fett
0,5 g Kohlenhydrate

● Zubereitungszeit: etwa
  35 Minuten

1. Die Morcheln halbieren, kurz waschen und der Länge nach in Scheiben schneiden. Sorgfältig unter fließendem Wasser waschen. In wenig Wasser blanchieren, abtropfen lassen und trockentupfen. Die Petersilie fein hacken.

2. Die Butter erhitzen, die Morchelscheiben und die Hälfte der Petersilie darin bei starker Hitze anbraten, bis alle austretende Flüssigkeit eingekocht ist. Die Brühe angießen, etwa 10 Minuten köcheln lassen, dann zur Seite stellen.

3. Die Eigelbe mit etwas Suppe verquirlen und in die Suppe rühren. Mit Pfeffer und Salz abschmecken. Die restliche Petersilie darüber streuen.

Im Bild oben: Morchelsahnesauce
Im Bild unten: Morchelcremesuppe

Edelreizker
Lactarius deliciosus

Man erkennt ihn am besten an seiner roten Milch, die später grünlich wird, und an dem brüchigen, weißlichen Fleisch. Er zählt zu den besonders aromatischen Pilzen, die man am ehesten im herbstlichen Kiefernwald findet. Dank seinem rötlichen bis orangefarbenen, anfangs gewölbten und später ausgebreiteten Hut, der bis zu 15 cm Durchmesser erreicht, ist er nicht schwer zu finden. Auf dem Hut sieht man verschiedenfarbige dunklere Farbzonen. Die brüchigen Lamellen werden auf Druck grünlich. Beim ebenfalls eßbaren Fichtenreizker *(Lactarius deterrimus)* wird die orangerote Milch nach einiger Zeit dunkelrot. Da alle Reizker mit roter Milch eßbar sind, braucht man Verwechslungen nicht zu fürchten. In der Küche: Reizker sollten nur mit etwas Milch abgewaschen und dann trockengetupft werden. Die Pilze sind häufig von Madengängen durchzogen. Am besten schmecken sie in Scheiben gebraten. Die Garzeit beträgt 10 Minuten.

Reizker mit Speck und Zwiebeln

Zutaten für 4 Personen:
400 g Reizker
Milch zum Waschen
1 mittelgroße Zwiebel
40 g durchwachsener Räucherspeck
1 Bund Petersilie
2 Eßl. Sonnenblumenöl
schwarzer Pfeffer, frisch gemahlen
1/2 Teel. Kümmel
Salz

Gelingt leicht

Pro Portion etwa:
600 kJ/140 kcal
3 g Eiweiß · 12 g Fett
1 g Kohlenhydrate

- Zubereitungszeit: etwa 40 Minuten

1. Die Reizker putzen, die Stiele zur Hälfte wegschneiden. Die Pilze in Milch waschen, trockentupfen und in Streifen schneiden. Die Zwiebel schälen und hacken. Den Speck in kleine Würfel schneiden. Die Petersilie waschen und fein hacken.

2. Das Öl in einer schweren Pfanne erhitzen. Den Speck darin anbraten, die Zwiebel dazugeben und unter Rühren glasig werden lassen. Die Pilzstreifen hinzufügen und etwa 10 Minuten bei starker Hitze braten. Anschließend mit reichlich Pfeffer, dem Kümmel und Salz würzen. Die Petersilie unterrühren und das Gericht heiß servieren.

Reizkerhüte in Knoblauchöl

Zutaten für 4 Personen:
400 g Reizker
Milch zum Waschen
2 Knoblauchzehen
2 Zweige frischer Majoran (oder
1 Teel. getrockneter)
5 Eßl. Olivenöl
Salz
schwarzer Pfeffer, frisch gemahlen

Preiswert

Pro Portion etwa:
610 kJ/150 kcal
2 g Eiweiß · 13 g Fett
1 g Kohlenhydrate

- Zubereitungszeit: etwa 35 Minuten

1. Die Pilze putzen, die Stiele wegschneiden, die Hüte in etwas Milch waschen und trockentupfen. Den Knoblauch schälen und leicht andrücken. Den Majoran waschen, die Blättchen abzupfen.

2. Das Öl in einer schweren Pfanne erhitzen, die Knoblauchzehen an eine Gabel stecken und das Öl damit unter Rühren aromatisieren.

3. Die Pilzhüte bei starker Hitze im Knoblauchöl pro Seite 3–5 Minuten braten. Mit Majoran bestreuen. Mit Salz und Pfeffer würzen.

Im Bild oben:
Reizker mit Speck und Zwiebeln
Im Bild unten:
Reizkerhüte in Knoblauchöl

Hallimasch
Armillariaella mellea

Wenn er erscheint, tritt er gleich massenhaft an Baumstümpfen im Herbstwald auf. Ein Hallimaschbüschel besteht meist aus vielen kleinen, dünnfleischigen braunen Hüten mit helleren Schüppchen. Die dünnen Stiele sind beringt, meist gebogen und braun oder gelb. Junge Exemplare haben weißliche, ältere hellbraune Lamellen, die bis zum Stiel verlaufen. Anfänger könnten die Pilze eventuell mit den nicht eßbaren Sparrigen Schüpplingen verwechseln, deren Stiele aber nicht beringt und stark schuppig sind. Auch mit dem eßbaren Stockschwämmchen ist eine Verwechslung möglich. Da es auch büschelig wachsende Pilze gibt, die hochgiftig sind, verzichtet der Pilzanfänger besser auf Hallimasch. In der Küche: Man verwendet nur die schönsten Exemplare und nur die Hüte. Roh ist Hallimasch giftig! Am besten brüht man die schwer verdaulichen Pilze vor der Zubereitung ab und gießt das Kochwasser weg. Garzeit: 20 Minuten.

Fleischpfanne mit Hallimasch

Zutaten für 4 Personen:
300 g Hallimasche
150 g Champignons
1 große Zwiebel · 1 Knoblauchzehe
200 g Schweineschnitzel
5 Eßl. Öl
weißer Pfeffer, frisch gemahlen
Salz · 1/4 l Fleischbrühe
1 kleine mehligkochende Kartoffel
1 Bund Petersilie

Gelingt leicht

Pro Portion etwa:
1100 kJ/260 kcal
14 g Eiweiß · 17 g Fett
6 g Kohlenhydrate

● Zubereitungszeit: etwa
   1 Stunde

1. Die Hallimasche putzen, die Stiele entfernen. Die Champignons putzen, in Scheiben schneiden. Die Zwiebel und den Knoblauch hacken. Das Fleisch in Streifen schneiden.

2. Die Zwiebel in dem Öl glasig werden lassen. Den Knoblauch und das Fleisch kurz braten. Die Pilze einrühren und etwa 5 Minuten bei starker Hitze mitbraten. Mit Pfeffer und Salz würzen. Die Brühe angießen und das Gericht etwa 10 Minuten bei schwacher Hitze köcheln lassen. Die Kartoffel schälen und fein reiben, in die Sauce geben, alles weitere 5 Minuten kochen lassen.

3. Die Petersilie fein hacken, über die Fleischpfanne streuen.

Hallimasch-sauce

Zutaten für 4 Personen:
500 g Hallimasche
2 große Zwiebeln
5 Eßl. Öl
1 Eßl. Paprikapulver, edelsüß
1 Eßl. Hafermehl oder Weizenmehl
1/2 l Gemüsebrühe
200 g saure Sahne · Salz
2 Eßl. Schnittlauchröllchen

Vegetarisch

Pro Portion etwa:
1000 kJ/240 kcal
5 g Eiweiß · 19 g Fett
7 g Kohlenhydrate

● Zubereitungszeit: etwa
   1 Stunde 20 Minuten

1. Die Pilze putzen, die Stiele entfernen. Die Hüte waschen und abtropfen lassen. Die Zwiebeln schälen und hacken.

2. Das Öl erhitzen, die Zwiebeln darin glasig braten. Die Pilzhüte dazugeben und etwa 5 Minuten bei starker Hitze mitbraten. Das Paprikapulver und das Mehl einstreuen, umrühren und die Gemüsebrühe angießen. Die Sauce etwa 15 Minuten köcheln lassen.

3. Die saure Sahne einrühren, die Sauce salzen, die Schnittlauchröllchen darüber streuen. Die Sauce schmeckt zu Semmelknödeln am besten.

Im Bild oben:
Fleischpfanne mit Hallimasch
Im Bild unten: Hallimaschsauce

**Herbsttrompete
Craterellus cornu-
copioides**

Sie sind wegen ihrer braun-
oder grauschwarzen, außen
graublauen Farbe im Eichen-
und Buchenwald gar nicht so
leicht zu finden, die kleinen
trompetenförmigen Pilzkörper,
deren Rand meist gewellt oder
umgeschlagen ist. Hat man
aber erst einmal einen Platz
ausgemacht, entdeckt man
meist viele auf einmal. Sie
erscheinen im Spätsommer und
Herbst und sind kaum zu verwechseln. Man sollte aber nur
trockene Pilze ernten.
In der Küche: Für die Frischzu-
bereitung sind die Pilze, die
man unten abschneidet und
dann auseinanderreißt, fast zu
schade. Sie entfalten nämlich
ihr ausgezeichnetes Aroma
getrocknet viel besser. Sie können sie dann in einem Glas mit
Schraubdeckel länger als ein
Jahr aufheben. Auch ergeben
sie ein würziges Pilzpulver. Die
Garzeit für frische Herbsttrompeten beträgt 15–20 Minuten.

Broccolisuppe mit Herbst-trompeten

Zutaten für 4 Personen:
150 g Herbsttrompeten
300 g Broccoli · Salz
4 Frühlingszwiebeln · 3 Eßl. Öl
1/4 l Gemüsebrühe
weißer Pfeffer, frisch gemahlen
1/2 Teel. gemahlener Kümmel
Muskatnuß, frisch gerieben
4 Eßl. saure Sahne

Raffiniert

Pro Portion etwa:
550 kJ/130 kcal
5 g Eiweiß · 10 g Fett
4 g Kohlenhydrate

• Zubereitungszeit: etwa
  1 Stunde 10 Minuten

1. Die Herbsttrompeten putzen, waschen und in Stücke
zupfen. Den Broccoli waschen,
die Röschen von den Stielen
schneiden und in 3/4 l kochendem Salzwasser in etwa
10 Minuten bißfest garen. Die
Röschen herausnehmen, die
Brühe mit den Stielen pürieren.

2. Die Frühlingszwiebeln putzen und in feine Ringe schneiden. Das Öl erhitzen, die
Zwiebelringe darin anbraten.
Die Pilzstücke etwa 5 Minuten
mitbraten. Die Gemüsebrühe
und die Kochbrühe angießen.
Die Suppe etwa 10 Minuten
kochen lassen, mit Salz, Pfeffer, dem Kümmel und Muskat
abschmecken. Die saure Sahne
einrühren.

Duxelles mit Herbsttrompe-ten

Diese Paste schmeckt besonders gut auf geröstetem Brot.

Zutaten für 2-3 Personen:
250 g Herbsttrompeten
100 g Schalotten
50 g Butter · 2 Eßl. Sahne
weißer Pfeffer, frisch gemahlen
Salz

Exklusiv

Insgesamt etwa:
2300 kJ/550 kcal
6 g Eiweiß · 49 g Fett
9 g Kohlenhydrate

• Zubereitungszeit: etwa
  45 Minuten

1. Die Herbsttrompeten putzen, waschen und auseinan-
derzupfen. Die Schalotten
schälen und fein hacken.

2. Die Hälfte der Butter erhitzen. Die Schalotten darin glasig braten. Die Pilze dazugeben und kurz anbraten.

3. Die Pilze und die Schalotten
im Mixer pürieren. Die restliche
Butter erhitzen, die Pilze dazugeben und einkochen lassen.
Die Sahne angießen und einkochen lassen. Salzen und
pfeffern.

Bild oben:
Broccolisuppe mit Herbsttrompeten
Bild unten:
Duxelles mit Herbstrompeten

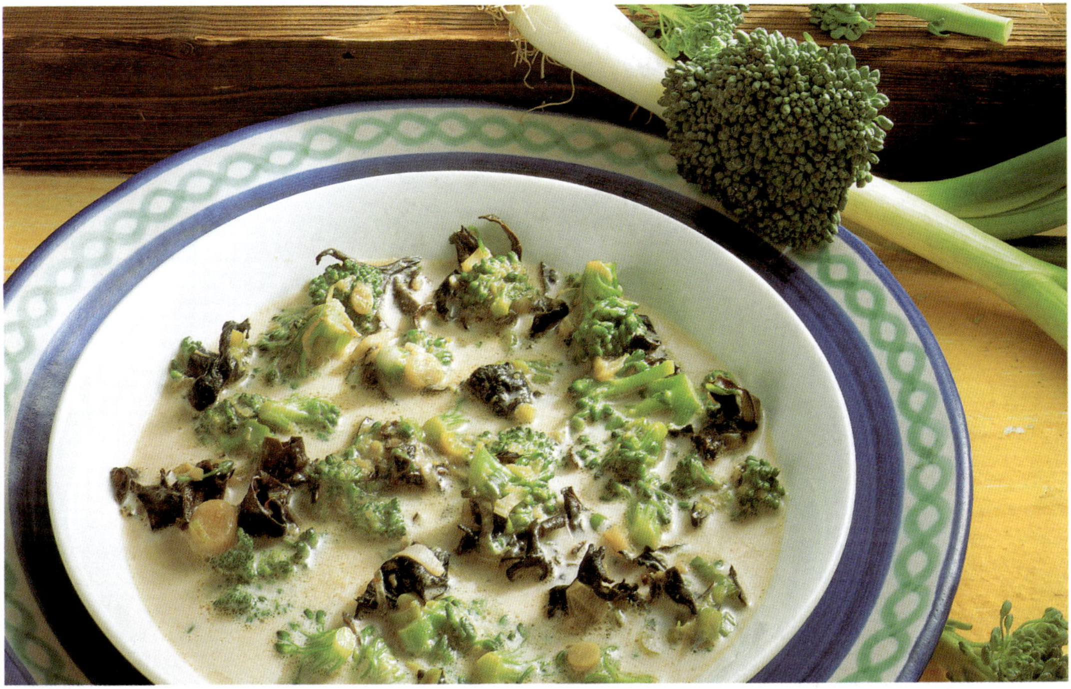

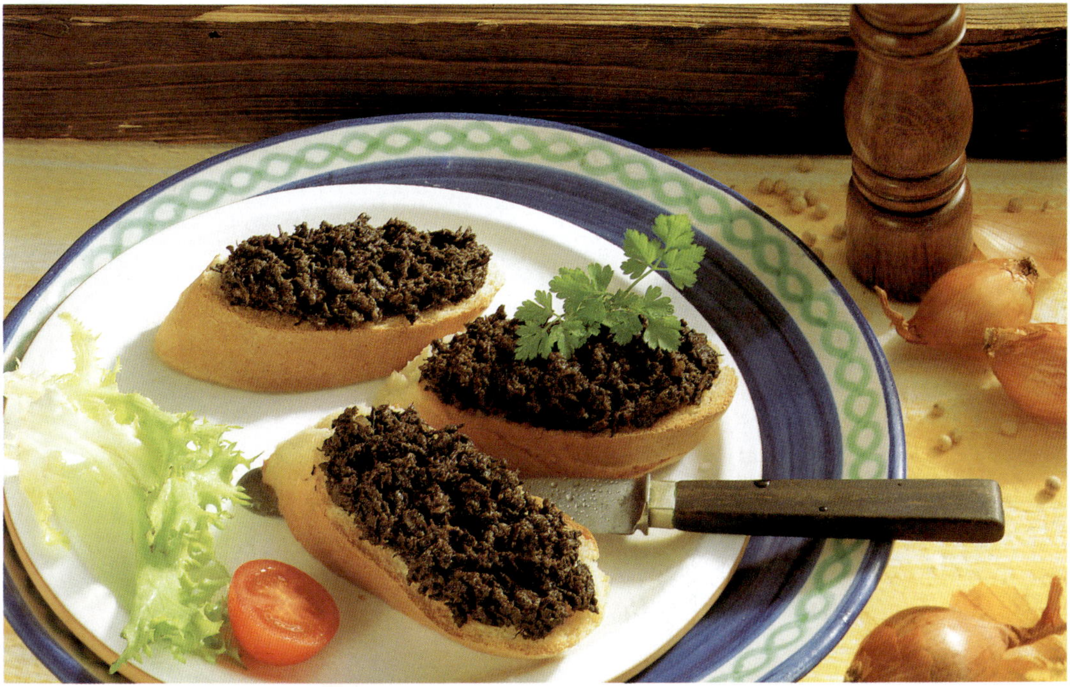

CHAMPIGNON

**Champignon
Agaricus bisporus**

Beim Champignon, der heute überall und jederzeit frisch angeboten wird, gibt es weiße, cremefarbene und braune Sorten (braune Egerlinge). Die Pilze haben, wenn sie frisch sind, eine besonders feste und knackige Konsistenz. Die Hüte sind bei jungen Exemplaren halbkugelförmig und geschlossen, bei älteren, größeren Pilzen ausgebreitet. Die anfangs hellen Lamellen färben sich später rötlich bis braunschwarz. Beim Einkauf sollten Sie darauf achten, daß sich der ganze Pilz fest anfühlt und die Lamellen hell sind. Man sollte die Pilze nicht länger als 2–3 Tage im Gemüsefach des Kühlschranks lagern. In der Küche: Aus Champignons können Sie praktisch jedes Pilzgericht zubereiten; sie schmecken gebraten, gedünstet, gegrillt, in Aufläufen und Gratins, in Suppen, Gemüse- und Fleischgerichten.

Marinierte Champignons

Zutaten für 1 Glas von 1 l Inhalt:
500 g kleine Champignons
500 kleine Egerlinge
5 Knoblauchzehen · Salz
1/2 l Weißweinessig
3 gehäufte Eßl. Zucker
2 Lorbeerblätter
1 Teel. schwarze Pfefferkörner
1 Rosmarinzweig

Gelingt leicht

Insgesamt etwa:
2100 kJ/500 kcal
29 g Eiweiß · 3 g Fett
71 g Kohlenhydrate

- Zubereitungszeit: etwa 1 Stunde

1. Die Pilze putzen, waschen und gut abtropfen lassen. Sehr kleine Exemplare ganz lassen, größere halbieren. Die Knoblauchzehen schälen.

2. Die Pilze in Salzwasser etwa 10 Minuten blanchieren. Dann gründlich abtropfen lassen.

3. Den Essig mit 1/4 l Wasser, dem Zucker, den Lorbeerblättern und den Pfefferkörnern zum Kochen bringen.

4. Die abgetropften Pilze in ein Glas füllen, den gewaschenen, trockengeschüttelten Rosmarinzweig darauf legen. Den kochenden Essigsud darüber gießen. Das Glas verschließen. Die Pilze halten sich bis zu 2 Monaten.

Champignon-Endivien-Salat

Zutaten für 4 Personen:
250 g Champignons
8 Eßl. Olivenöl · Salz
1 mittelgroßer Kopf Endiviensalat
2 Knoblauchzehen
5 Eßl. Aceto balsamico (Balsamessig) · 1 Teel. Zucker
schwarzer Pfeffer, grob gemahlen
12 schwarze Oliven

Vegetarisch

Pro Portion etwa:
1200 kJ/290 kcal
3 g Eiweiß · 29 g Fett
3 g Kohlenhydrate

- Zubereitungszeit: etwa 30 Minuten

1. Die Pilze putzen, der Länge nach in Scheibchen schneiden. 2 Eßlöffel Öl erhitzen und die Pilze darin bei starker Hitze braten, bis alle Flüssigkeit eingekocht ist. Salzen.

2. Den Endiviensalat waschen und in feine Streifen schneiden. Die Knoblauchzehen fein hacken.

3. Aus dem restlichen Öl, dem Essig, dem Zucker, Pfeffer und Salz eine Marinade rühren. Den Salat auf Tellern anrichten, die Pilze und die Oliven mit der Marinade darauf verteilen.

Im Bild oben:
Marinierte Champignons
Im Bild unten:
Champignon-Endivien-Salat

Pizza mit Egerlingen und Tomaten

Da in Italien mit Leidenschaft Pilze gesammelt werden, ist diese Zutat natürlich auch am Nationalgericht Pizza nicht spurlos vorübergegangen. Statt Egerlingen können Sie selbstverständlich auch weiße Champignons nehmen.

Zutaten für 6 Personen:

400 g Mehl

1 Würfel (42 g) frische Hefe

7 Eßl. Olivenöl · Salz

1 Teel. getrockneter Thymian

500 g Egerlinge

1 große weiße Zwiebel

1 Knoblauchzehe

100 g durchwachsener Räucherspeck

schwarzer Pfeffer, frisch gemahlen

1 kg Fleischtomaten

2 Teel. getrockneter Oregano

250 g Emmentaler, frisch gerieben

100 g Parmesan, frisch gerieben

Braucht etwas Zeit

Pro Portion etwa:
3000 kJ/710 kcal
29 g Eiweiß · 40 g Fett
61 g Kohlenhydrate

• Zubereitungszeit: etwa
 1 1/2 Stunden

1. In einer großen Schüssel aus 100 g Mehl, der zerbröckelten Hefe und etwas lauwarmem Wasser einen Vorteig rühren und diesen etwa 20 Minuten an einem warmen Platz zugedeckt gehen lassen.

2. Das restliche Mehl, 4 Eßlöffel Olivenöl, Salz und den Thymian mit so viel lauwarmem Wasser unter den Vorteig mischen, daß sich ein elastischer Hefeteig schlagen läßt. Den Teig kneten, bis er glänzt und Blasen wirft. Noch einmal etwa 20 Minuten zugedeckt gehen lassen.

3. Die Egerlinge putzen, waschen und der Länge nach in Scheiben schneiden. Die Zwiebel schälen und in dünne Ringe schneiden. Die Knoblauchzehe schälen und fein hacken. Den Räucherspeck in dünne Streifen schneiden.

4. 2 Eßlöffel Öl in einer Pfanne erhitzen, die Zwiebel darin glasig braten. Die Speckstreifen dazugeben und etwas ausbraten. Die Pilzscheiben und den Knoblauch hinzufügen. Die Pilze bei starker Hitze so lange braten, bis die austretende Flüssigkeit vollständig eingekocht ist. Mit Pfeffer und Salz würzen.

5. Den Backofen auf 200° vorheizen. Ein Backblech mit dem restlichen Öl bestreichen. Den Teig noch einmal durchkneten, dann auf dem Backblech mit etwas Mehl ausrollen oder mit feuchten Händen in die passende Form drücken (er soll das Backblech ganz ausfüllen).

6. Die Fleischtomaten waschen, abtrocknen, halbieren und die Stielansätze entfernen. Die Tomatenhälften in Scheiben schneiden und auf dem Teig verteilen. Die Pilze

darübergeben und mit dem Oregano würzen.

7. Den Emmentaler mit dem Parmesan vermischen und über dem Belag verteilen.

8. Das Blech in den vorgeheizten Backofen (Mitte; Gas Stufe 3) schieben und die Pizza etwa 30 Minuten backen. Der Käse soll appetitlich goldbraun sein. Dazu paßt am besten eine große Schüssel Blattsalat mit schwarzen und grünen – eventuell entsteinten – Oliven.

Tip!

Natürlich schmecken auch andere Pilze wie Steinpilze oder Shii-Take als Belag für eine Pizza sehr gut.

Pizza ist immer wieder ein beliebtes Gericht, vor allem Kinder greifen dabei gerne zu.

Filetsteaks mit Champignons

Zutaten für 4 Personen:

2 Knoblauchzehen

5 EBl. Sonnenblumenöl

4 Scheiben Rinderfilet (je etwa 150 g)

300 g Champignons

20 g Butter

100 g Sahne

schwarzer Pfeffer, frisch gemahlen

Salz

2 Salbeiblätter

1 Bund Petersilie

Für Gäste

Pro Portion etwa:
1800 kJ/430 kcal
32 g Eiweiß · 31 g Fett
2 g Kohlenhydrate

- Zubereitungszeit: etwa
  1 1/2 Stunden (davon
  1 Stunde Marinierzeit)

1. Die Knoblauchzehen schälen und durch die Presse in das Öl drücken. Die Filetsteaks abtropfen lassen und mit dem Knoblauchöl begießen. Zugedeckt etwa 1 Stunde in den Kühlschrank stellen.

2. Die Champignons putzen, waschen und in dünne Scheiben schneiden.

3. Eine schwere Pfanne erhitzen, die Filetsteaks mit dem Knoblauchöl hineingeben und bei starker Hitze auf jeder Seite etwa 4 Minuten braten. Das Fleisch herausnehmen und zugedeckt warm stellen.

4. Die Butter in der Pfanne mit dem verbliebenen Bratfett erhitzen und die Pilzscheiben darin bei starker Hitze so lange braten, bis alle Flüssigkeit eingekocht ist. Die Sahne angießen. Mit Pfeffer und Salz würzen.

5. Die Salbeiblätter und die Petersilie waschen, trockenschütteln und fein hacken.

6. Die Filetsteaks auf einer Platte anrichten, die Pilze darauf verteilen und die Kräuter darüber streuen.

Egerling-frikadellen

Zutaten für 4 Personen:

400 g Egerlinge

1 Bund Petersilie

1 kleine Zwiebel

2 Brötchen (eventuell vom Vortag)

6 EBl. Sonnenblumenöl

1 Ei

weißer Pfeffer, frisch gemahlen

Salz

1/2 Teel. getrockneter Majoran

2 EBl. Semmelbrösel

Preiswert
Gelingt leicht

Pro Portion etwa:
1000 kJ/240 kcal
7 g Eiweiß · 17 g Fett
16 g Kohlenhydrate
- Zubereitungszeit: etwa
  1 1/4 Stunden

1. Die Pilze putzen, waschen und sehr fein hacken. Die Petersilie waschen, trockenschütteln und ebenfalls fein hacken. Die

Zwiebel schälen und fein würfeln. Die Brötchen in lauwarmem Wasser einweichen.

2. 2 Eßlöffel Öl in einer Pfanne erhitzen. Die Pilze, die Petersilie und die Zwiebel darin bei starker Hitze braten, bis alle Flüssigkeit eingekocht ist. Dann in eine Schüssel geben.

3. Die eingeweichten Brötchen sehr gut ausdrücken. Mit dem Ei zur Pilzmasse geben. Mit reichlich Pfeffer, Salz und dem Majoran würzen und alles gut durchmischen. Kleine Frikadellen daraus formen.

4. Das restliche Öl in einer (beschichteten) Pfanne erhitzen. Die Frikadellen in den Semmelbröseln wälzen, etwas zusammendrücken und bei mittlerer Hitze von beiden Seiten knusprig braun braten.

Tip!

Wenn Sie den Teig etwas fester mögen, mischen Sie 1 Eßlöffel Semmelbrösel darunter. Natürlich können Sie auch kleine Bällchen formen, knusprig braten und warm oder kalt als Imbiß essen.

Im Bild oben: Egerlingfrikadellen
Im Bild unten:
Filetsteaks mit Champignons

Maultaschen mit Champignonfüllung

Auch in der Regionalküche lassen sich interessante Rezepte finden, die noch pfiffiger werden, wenn man das gewohnte Fleisch durch eine andere Zutat ersetzt – Pilze eben.

Zutaten für 4 Personen:
250 g Mehl
3 Eier
Salz
300 g Champignons
3 Schalotten
1 Knoblauchzehe
3 Eßl. Öl
1 Eßl. Schnittlauchröllchen
weißer Pfeffer, frisch gemahlen
100 g Mangold
2 Eßl. Semmelbrösel
1 Eiweiß
1 1/2 l Gemüsebrühe

Schwäbische Spezialität
Vegetarisch

Pro Portion etwa:
1600 kJ/380 kcal
14 g Eiweiß · 13 g Fett
54 g Kohlenhydrate

• Zubereitungszeit: etwa
  2 Stunden (davon
  1 Stunde Kühlzeit)

1. Das Mehl auf die Arbeitsplatte geben. In die Mitte eine Vertiefung drücken. 2 Eier und etwas Salz hineingeben. Alles mit so viel Wasser (2–3 Eßlöffel) verkneten, daß ein glatter, elastischer Teig entsteht. Den Teig etwa 1 Stunde zugedeckt ruhen lassen.

2. Die Champignons putzen, waschen und hacken. Die Schalotten und die Knoblauchzehe schälen und fein hacken.

3. Das Öl erhitzen. Die Pilze, die Schalotten und den Knoblauch darin bei starker Hitze so lange braten, bis alle austretende Flüssigkeit eingekocht ist. Die Schnittlauchröllchen unterrühren, die Masse mit Pfeffer und Salz kräftig würzen.

4. Den Mangold verlesen, waschen und tropfnaß in einem Topf stark erhitzen, bis die Blätter zusammenfallen. Auf einem Sieb abtropfen lassen und fein hacken.

5. Die Pilzmasse in eine Schüssel geben, den Mangold, das restliche Ei und die Semmelbrösel gut untermischen.

Variante:
Gut schmecken die Maultaschen auch ohne Brühe: 2 Eßlöffel Butter in einer Pfanne schmelzen und 1 feingehackte Zwiebel darin goldgelb braten, 2 Eßlöffel gehackte Petersilie daruntermischen. Die Maultaschen mit einem Schaumlöffel aus der Brühe heben und gut abtropfen lassen. Die Maultaschen in der gewürzten Butter vorsichtig ein paarmal wenden. Heiß mit Salat servieren.

6. Den Teig auf der bemehlten Arbeitsplatte 3–4 mm dick zu einem Rechteck ausrollen. Auf die eine Hälfte des Teiges in gleichen Abständen jeweils 1 guten Teelöffel von der Füllung geben. Die Zwischenräume mit dem Eiweiß bepinseln.

7. Die andere Teighälfte über die Füllung schlagen und mit einem Teigrädchen jeweils um die Füllung herum Quadrate ausschneiden.

8. Die Gemüsebrühe zum Kochen bringen und die Teigquadrate darin in 8–10 Minuten bei mittlerer Hitze gar ziehen, aber nicht sprudelnd kochen lassen.

Strudel mit Egerling-füllung

Beim Strudelteig – ganz gleich, mit welcher Füllung – ist es wichtig, daß der Teig papierdünn ausgezogen wird. Das Rezept stammt übrigens aus der Mehlspeisen-Küche der österreichisch-ungarischen Monarchie.

Zutaten für 4–6 Personen:
300 g Mehl
8 Eßl. lauwarmes Wasser
5 Eßl. Öl
Salz
500 g Egerlinge
1 große Zwiebel
30 g Schweineschmalz
schwarzer Pfeffer, frisch gemahlen
200 g saure Sahne
2 Eßl. Crème fraîche
1 Eßl. Grieß
Fett für die Form
20 g Butter

Braucht etwas Zeit
Raffiniert

Bei 6 Personen pro Portion etwa:
1600 kJ/380 kcal
7 g Eiweiß · 21 g Fett
44 g Kohlenhydrate

• Zubereitungszeit: etwa
  1 1/2 Stunden

1. Das Mehl auf ein Backbrett sieben, in der Mitte eine Vertiefung formen. Das Wasser, das Öl und 1/2 Teelöffel Salz hineingeben. Die Zutaten zu einem glatten Teig verkneten und diesen zu einer Kugel formen. Die Teigkugel mit etwas Mehl bestreuen und zugedeckt etwa 25 Minuten an einem warmen Platz ruhen lassen.

2. Die Egerlinge putzen, waschen und gut abtropfen lassen. Die Pilze in dünne Scheiben schneiden oder grob hacken. Die Zwiebel schälen und fein hacken.

3. Das Schweineschmalz in einer Pfanne erhitzen und die Zwiebel darin glasig werden lassen. Die Pilzscheiben dazugeben und bei starker Hitze so lange braten, bis der austretende Pilzsaft vollständig eingekocht ist. Mit Pfeffer und Salz würzig abschmecken.

4. Den Backofen auf 200° vorheizen. Eine rechteckige Bratform mit Schmalz oder Öl einfetten.

5. Den Teig auf ein mit Mehl bestreutes Tuch legen und mit der bemehlten Teigrolle nach allen Seiten ausrollen, dann mit den Händen vorsichtig zu einem mindestens metergroßen Quadrat ausziehen. (Die Teigplatte soll durchsichtig sein).

6. Die saure Sahne mit der Crème fraîche verrühren und auf den Teig streichen. Den Grieß darüber streuen. Die Pilzfüllung gleichmäßig darüber verteilen. Den Teig an den Seiten etwas nach innen klappen, dann mit Hilfe des Tuchs zu einem Strudel aufrollen und vorsichtig (der Teig darf nicht reißen!) in die vorbereitete Bratform gleit lassen.

7. Die Butter schmelzen und den Strudel damit bepinseln. Die Form in den Backofen (Mitte; Gas Stufe 3) stellen und den Strudel in etwa 25 Minuten goldgelb backen.

8. Die Form aus dem Ofen nehmen und den Pilzstrudel in drei Finger breite Stücke schneiden. Den Strudel als kleine Vorspeise oder auch als Hauptgericht mit sauer eingelegtem Gemüse essen.

Tip!

In Österreich und Ungarn wird ein eigenes Strudelmehl angeboten, das etwas griffiger ist als das normale glatte Mehl. Es macht den Teig besonders elastisch, und er reißt damit nicht so leicht ein. Trotzdem gilt es als Nagelprobe für eine gute Köchin und Hausfrau, wie perfekt und appetitlich ein Strudel auf den Tisch kommt. Auch in Deutschland wird ein doppelgriffiges Mehl angeboten, verwenden Sie dieses, wenn Sie es bekommen.

Dieser aromatische Pilzstrudel schmeckt im Herbst auch mit Wildpilzen ganz ausgezeichnet.

Überbackener Toast mit Egerlingen

Zutaten für 4 Personen:

300 g Egerlinge · 4 Schalotten

1 dünne Stange Lauch

2 Fleischtomaten

3 Eßl. Öl

1/2 Teel. getrockneter Thymian

weißer Pfeffer, frisch gemahlen

Salz

4 Scheiben Toastbrot

60 g Emmentaler, frisch gerieben

2 Eßl. Schnittlauchröllchen

Schnell • Preiswert

Pro Portion etwa:
1100 kJ/260 kcal
11 g Eiweiß · 13 g Fett
26 g Kohlenhydrate

- Zubereitungszeit: etwa
  30 Minuten

1. Die Pilze putzen, waschen und in dünne Scheiben schneiden. Die Schalotten schälen und fein hacken. Den Lauch putzen und gründlich waschen. Die Lauchhälften in etwa 1 cm breite Stücke schneiden. Die Tomaten waschen, von den Stielansätzen befreien und in Scheiben schneiden.

2. Das Öl erhitzen, die Schalotten darin glasig werden lassen. Den Lauch und die Pilzscheiben dazugeben und bei starker Hitze braten, bis alle Flüssigkeit eingekocht ist. Mit dem Thymian, Pfeffer und Salz würzen. Den Backofen auf 220° (Gas Stufe 4) vorheizen.

3. Die Toastscheiben rösten. Die Pilzscheiben darauf verteilen. Darüber einige Tomatenscheiben legen, diese leicht pfeffern und salzen, mit dem Emmentaler bestreuen. Im Backofen (oben) einige Minuten überbacken, bis der Käse zu schmelzen beginnt. Mit dem Schnittlauch bestreut servieren.

Makkaroni mit Champignons

Pilze und Teigwaren aller Art vertragen sich besonders gut. Und: Pilzsaucen sind eine ausgezeichnete vegetarische Alternative für Fleischsaucen.

Zutaten für 4 Personen:

400 g Makkaroni

Salz

4 Eßl. Olivenöl

250 g kleine Champignons

1 Zwiebel

2 Knoblauchzehen

1 Teel. Mehl

200 ml heiße Gemüsebrühe

1/8 l trockener Weißwein

2 Eßl. gemischte frische Kräuter (wie Estragon, Petersilie, Basilikum, Kerbel)

100 g Pecorino, frisch gerieben

Gelingt leicht

Pro Portion etwa:
2400 kJ/570 kcal
25 g Eiweiß · 20 g Fett
74 g Kohlenhydrate

- Zubereitungszeit: etwa
  35 Minuten

1. Die Makkaroni in reichlich sprudelnd kochendem Salzwasser mit 1 Eßlöffel Öl nicht zu weich »al dente« kochen, in ein Sieb gießen und abtropfen lassen.

2. Inzwischen die Champignons putzen, waschen und in Hälften oder Viertel schneiden. Die Zwiebel und die Knoblauchzehen schälen und fein hacken.

3. 2 Eßlöffel Olivenöl in einer Pfanne erhitzen, die Zwiebel darin glasig braten. Die Champignons und die Hälfte des Knoblauchs dazugeben. Die Pilzstücke bei starker Hitze braten, bis alle Flüssigkeit eingekocht ist. Das Mehl darüber stäuben, unterrühren und etwas anbräunen. Die Gemüsebrühe und den Weißwein angießen. Die Pilzsauce etwa 10 Minuten bei schwacher Hitze köcheln lassen.

4. Am Ende der Kochzeit die Hälfte der Kräuter hacken und unterrühren.

5. Das restliche Öl erhitzen, den restlichen Knoblauch und die Nudeln hineingeben und die Makkaroni erhitzen.

6. Die Nudeln auf einer vorgewärmten Platte anrichten, die Sauce darüber verteilen. Mit den restlichen Kräutern und dem Pecorino bestreuen.

Im Bild oben:
Überbackener Toast mit Egerlingen
Im Bild unten:
Makkaroni mit Champignons

Austernpilz
Pleurotus ostreatus

Die Tatsache, daß er auch Kalbfleischpilz genannt wird, weist auf die angenehm feste Konsistenz der appetitlichen Fruchtkörper hin. Die Hüte der büschelförmig wachsenden Pilze sind zunächst muschelförmig, später ausgebreitet. Sie sind cremefarben bis bräunlich (Sommertyp) oder blaugrau bis violett (Wintertyp). Die Lamellen sind hellbraun bis -grau.

In der Küche: Beim Einkauf sollten Sie darauf achten, daß die Pilzhüte noch nach unten gebogen sind, dann ist ihr Fleisch angenehm saftig. Die etwas zähen Stiele werden zum größten Teil weggeschnitten, die Hüte schneidet man in dünne Scheiben oder kleine Stücke. Sie können daraus Pilzgerichte jeder Art bereiten. Austernpilze schmecken gebraten, gedünstet und zusammen mit Gemüsen, Reis oder Kartoffeln. Die Garzeit beträgt 10–15 Minuten.

Austernpilz-auflauf mit Auberginen

Der angenehm milde Geschmack der gebratenen Auberginen mischt sich vorteilhaft mit dem würzigen Aroma der fleischigen Austernpilze.

Zutaten für 6 Personen:
2 große Auberginen
Salz · 2 Eier
125 g Sonnenblumenöl
400 g Austernpilze
1 große Zwiebel
1 Knoblauchzehe
weißer Pfeffer, frisch gemahlen
3 Fleischtomaten
1 Teel. getrockneter Oregano
100 g Emmentaler, frisch gerieben
50 g Parmesan, frisch gerieben
200 ml Gemüsebrühe

Braucht etwas Zeit

Pro Portion etwa:
1 500 kJ/360 kcal
14 g Eiweiß · 31 g Fett
7 g Kohlenhydrate

• Zubereitungszeit: etwa
  1 Stunde 50 Minuten

1. Die Auberginen waschen, abtrocknen und quer in etwa 1/2 cm dicke Scheiben schneiden, leicht salzen und etwa 20 Minuten ziehen lassen.

2. Die Scheiben abspülen und trockentupfen. Die Eier in einem Teller schlagen. Das Öl bis auf 2 Eßlöffel in einer Pfanne erhitzen. Die Auberginenscheiben durch die Eiermasse

ziehen und nach und nach im Öl bei mittlerer Hitze goldbraun braten. Herausnehmen und auf Küchenpapier abtropfen lassen.

3. Die Austernpilze putzen, waschen und in Streifen schneiden. Die Zwiebel und den Knoblauch schälen und fein hacken. Den Backofen auf 180° vorheizen.

4. Das restliche Öl in der Pfanne erhitzen. Die Zwiebel darin glasig werden lassen. Die Pilzstreifen und den Knoblauch hinzufügen und bei starker Hitze so lange braten, bis alle Flüssigkeit eingekocht ist. Mit Salz und Pfeffer abschmecken.

5. In eine feuerfeste Form zuerst die Auberginenscheiben schichten, die gebratenen Pilze darüber verteilen. Die Fleischtomaten waschen, halbieren, von den Stielansätzen befreien und in Scheiben schneiden. Auf die Pilze in die Form legen. Mit Salz, Pfeffer und dem Oregano würzen.

6. Den Emmentaler mit dem Parmesan mischen und über den Auflauf streuen. Die Gemüsebrühe seitlich angießen.

7. Den Auflauf im Backofen (Mitte; Gas Stufe 2) in etwa 25 Minuten knusprig braun überbacken. Dazu schmeckt Stangenweißbrot.

Bei diesem aromatischen Backofengericht werden Sie Fleisch ganz sicher nicht vermissen.

Austernpilz-cremesuppe mit Kerbel

Zutaten für 4 Personen:

300 g Austernpilze

2 Schalotten

25 g Butter

1 1/4 l Geflügel- oder Gemüsebrühe

Muskatnuß, frisch gerieben

1 mittelgroße mehligkochende Kartoffel

1 Bund Kerbel

5 Eßl. Sahne

Salz

Schnell
Vegetarisch

Pro Portion etwa:
510 kJ/120 kcal
2 g Eiweiß · 9 g Fett
3 g Kohlenhydrate

• Zubereitungszeit: etwa 30 Minuten

1. Die Austernpilze putzen, waschen und in Streifen schneiden. Die Schalotten schälen und sehr fein hacken.

2. Die Butter in einem Topf erhitzen, die Schalotten darin glasig braten. Die Pilzstreifen dazugeben und unter Rühren so lange bei starker Hitze mitbraten, bis alle Flüssigkeit eingekocht ist.

3. Die Geflügel- oder Gemüsebrühe angießen und mit Muskat würzen. Die Kartoffel schälen, waschen und fein reiben, in die Suppe geben. Etwa 10 Minuten kochen lassen.

4. Inzwischen den Kerbel waschen, trockenschütteln und fein hacken. Die Hälfte davon in die Suppe rühren. Die Sahne angießen und die Suppe nochmals erhitzen. Mit Salz abschmecken. Die Suppe in Tassen verteilen, den restlichen Kerbel darüber streuen.

Tip!

Die feine Suppe wird fast zum Hauptgericht, wenn Sie ein Schüsselchen mit knusprigen Croûtons dazu reichen.

Austernpilze in Weinsauce

Wenn Sie diese Sauce ohne Fleisch genießen möchten, sollten Sie sie mit wildem Reis oder Vollkornnudeln probieren. Sie schmeckt aber auch zu Fisch ganz ausgezeichnet.

Zutaten für 4 Personen:

500 g Austernpilze

4 Eßl. Distelöl

1/8 l trockener Weißwein

Salz

weißer Pfeffer, frisch gemahlen

1/2 Teel. gemahlener Kümmel

300 g Sahne

1 Bund Petersilie

Exklusiv

Pro Portion etwa:
1600 kJ/380 kcal
5 g Eiweiß · 34 g Fett
4 g Kohlenhydrate

• Zubereitungszeit: etwa 45 Minuten

1. Die Pilze putzen, waschen und halbieren. Dann in dünne Streifen schneiden.

2. Das Öl in einem Topf erhitzen, die Pilze darin bei starker Hitze unter Rühren anbraten. Den Wein hinzugießen und ebenso wie die austretende Pilzflüssigkeit vollständig einkochen lassen.

3. Die Pilze mit Salz, Pfeffer und dem Kümmel würzig abschmecken. Die Sahne angießen und aufkochen lassen.

4. Die Petersilie waschen, trockenschütteln und sehr fein hacken. Über die Austernpilze streuen.

Bild oben:
Austernpilzcremesuppe mit Kerbel
Bild unten:
Austernpilze in Weinsauce

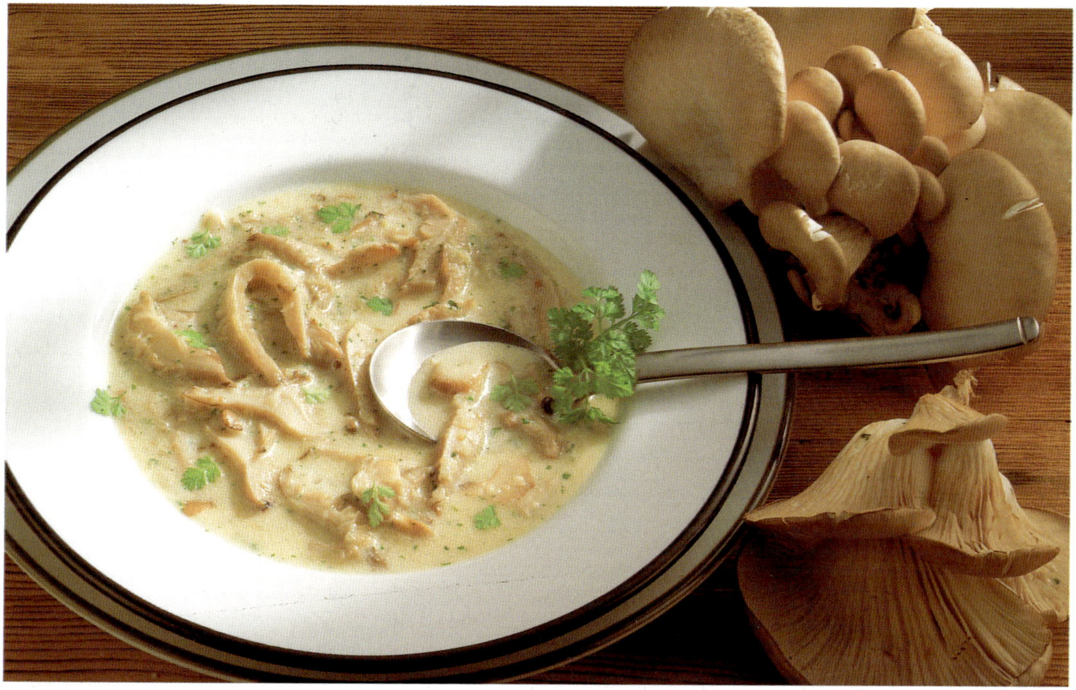

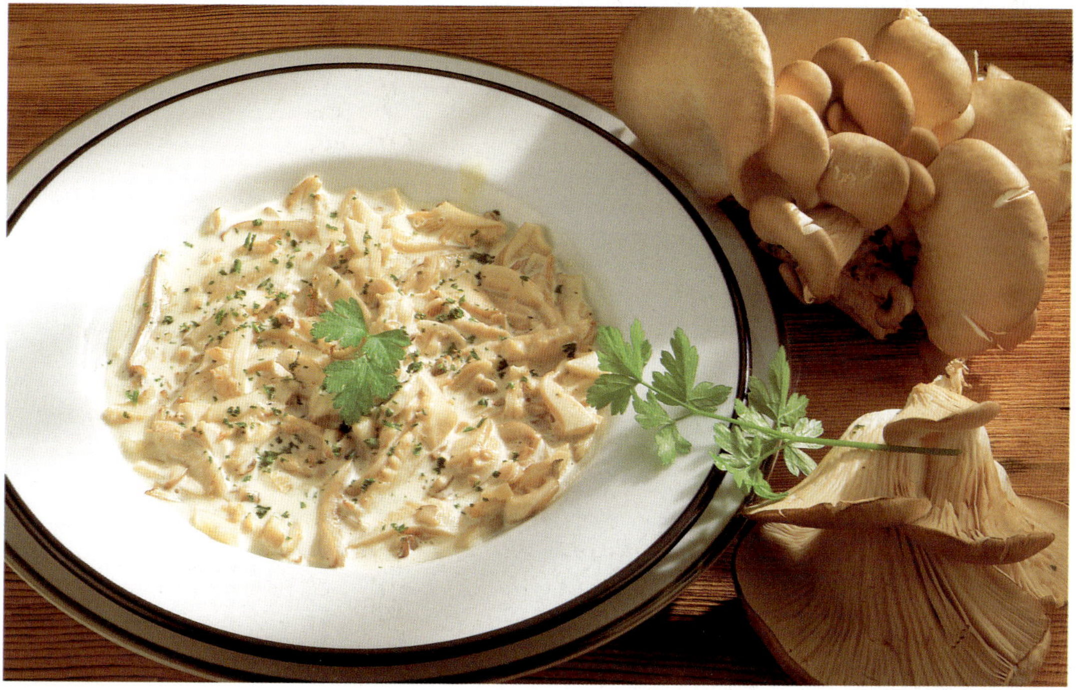

Shii-Take-Pilz
Lentinus edodes

Dieser aus Fernost zu uns gekommene Pilz zeichnet sich durch ein ganz eigenes, besonders delikates Aroma aus. Sein kleiner Hut ist anfangs eingerollt, bei größeren Exemplaren ausgebreitet und mit zottigen Schuppen bedeckt; auf der Unterseite sieht man die hell- bis dunkelbraunen Lamellen, der Stiel ist hellgrau bis hellbraun. Bei Druck bekommt der Pilz dunklere Flecken.
In der Küche: Wenn die Pilze beim Einkauf noch gewölbte Hüte haben, ist das ein Hinweis auf frische Ware. Beim Putzen gibt es praktisch keinen Abfall: Nur die Stiele abschneiden und die Pilze kurz waschen, bevor Sie sie in nicht zu kleine Stücke schneiden und braten, dünsten, in Saucen oder in Salaten genießen. Die Garzeit beträgt 15–20 Minuten.

Sellerie-Shii-Take-Suppe

Zutaten für 4 Personen:
1 mittelgroße Sellerieknolle
200 g Shii-Take-Pilze
1 1/4 l Geflügel- oder Gemüse-
brühe · 30 g Butter
1/2 Teel. Kümmel, gemahlen
1 Prise Muskatnuß, frisch gerieben
Salz · 1 Bund Kerbel
1 Eigelb

Gelingt leicht

Pro Portion etwa:
510 kJ/120 kcal
5 g Eiweiß · 8 g Fett
3 g Kohlenhydrate

● Zubereitungszeit: etwa
40 Minuten

1. Den Sellerie schälen und würfeln. Die Pilze putzen und waschen, die Stiele fein hacken, die Hüte halbieren.

2. Die Brühe erhitzen, den Sellerie und die Pilzstiele darin etwa 15 Minuten kochen lassen. Die Suppe pürieren.

3. Die Butter erhitzen, die Pilzhüte darin bei starker Hitze braten. Die Suppe angießen, noch einmal etwa 8 Minuten kochen lassen. Mit dem Kümmel, dem Muskat und etwas Salz abschmecken.

4. Den Kerbel fein hacken. Das Eigelb mit etwas Suppe verrühren, mit dem Schneebesen in die nicht kochende Suppe quirlen. Mit dem Kerbel bestreut servieren.

Shii-Take-Pilze in Thymianöl

Zutaten für 4 Personen:
600 g Shii-Take-Pilze
3 Knoblauchzehen
6 Eßl. Sonnenblumenöl
2 Zweige frischer Thymian (oder
1 Teel. getrockneter)
schwarzer Pfeffer, frisch gemahlen
Salz
1–2 Eßl. Zitronensaft

Für Gäste

Pro Portion etwa:
810 kJ/190 kcal
4 g Eiweiß · 16 g Fett
2 g Kohlenhydrate

● Zubereitungszeit: etwa
30 Minuten

1. Die Pilze putzen und waschen, die Stiele fein hacken, die Hüte ganz lassen. Die Knoblauchzehen schälen.

2. Das Öl in einer Pfanne erhitzen, die Knoblauchzehen darin unter ständigem Rühren etwas Farbe annehmen lassen, dann entfernen. Die Pilzhüte und die gehackten Pilzstiele ins Fett geben und bei starker Hitze so lange braten, bis alle austretende Flüssigkeit eingekocht ist. Den Thymian waschen, die Blättchen abzupfen und zu den Pilzen geben. Mit Pfeffer und Salz würzen. Mit etwas Zitronensaft beträufeln.

Im Bild oben:
Shii-Take-Pilze in Thymianöl
Im Bild unten:
Sellerie-Shii-Take-Suppe

Curry mit Shii-Take-Pilzen

Im Mittleren und im Fernen Osten schätzt man Shii-Take- und andere Pilze als Zutaten zu kräftigen Saucen, die Fleischgerichte und natürlich den landesüblichen Reis ergänzen.

Zutaten für 4 Personen:
400 g Shii-Take-Pilze
1 große Zwiebel
1 Knoblauchzehe
4 Eßl. Öl
2 Teel. mittelscharfes Currypulver
3 zerdrückte Pimentkörner
350 ml Geflügel- oder Gemüsebrühe
1 Teel. Hefeflocken
1 Prise Zucker
125 g Sahne
einige Spritzer Sojasauce
1 kleines Glas Cognac (nach Wunsch)

Schnell • Raffiniert

Pro Portion etwa:
1000 kJ/240 kcal
4 g Eiweiß · 20 g Fett
5 g Kohlenhydrate

• Zubereitungszeit: etwa 25 Minuten

1. Die Pilze putzen und waschen, die Stiele fein hacken, die Hüte ganz lassen. Die Zwiebel und die Knoblauchzehe schälen und fein hacken.

2. Das Öl in einer Pfanne erhitzen, die Zwiebel darin glasig werden lassen. Die Pilzhüte und die gehackten Stiele sowie den Knoblauch zugeben und bei starker Hitze so lange braten, bis alle austretende Flüssigkeit eingekocht ist. Mit dem Currypulver und dem Piment würzen, umrühren und die Brühe angießen. Das Pilzgemüse etwa 5 Minuten bei mittlerer Hitze garen.

3. Die Hefeflocken, den Zucker und die Sahne hinzufügen, weitere 5 Minuten kochen lassen. Das Curry mit der Sojasauce und dem Cognac abschmecken. Dazu paßt Naturreis sehr gut.

Shii-Take-Soufflé

Zutaten für 4 Personen:
250 g Shii-Take-Pilze
30 g Butter
2 Teel. Mehl
100 ml Milch
Salz
Muskatnuß, frisch gerieben
1 kleine Zwiebel
2 Eßl. Sonnenblumenöl
2 Eier
Butter und Semmelbrösel für die Souffléform

Raffiniert

Pro Portion etwa:
810 kJ/190 kcal
6 g Eiweiß · 15 g Fett
5 g Kohlenhydrate

• Zubereitungszeit: etwa 1 1/4 Stunden

1. Die Pilze putzen, waschen und in Stücke schneiden.

2. Die Butter in einem Topf erhitzen, das Mehl darin leicht anschwitzen, mit der Milch ablöschen. Die Mehlschwitze etwa 3 Minuten kochen lassen. Mit Salz und etwas Muskat würzen und abkühlen lassen.

3. Die Zwiebel schälen und hacken. Das Öl erhitzen und die Zwiebel darin glasig werden lassen. Die Pilzstücke dazugeben und bei starker Hitze so lange unter Rühren braten, bis alle austretende Flüssigkeit eingekocht ist. Leicht salzen und etwas abkühlen lassen. Den Backofen auf 200° vorheizen.

4. Die Pilze pürieren. Die Eier trennen. Die Eigelbe unter die Pilzmasse rühren. Die Eiweiße zu schnittfestem Schnee aufschlagen.

5. Die Pilz-Ei-Masse mit der abgekühlten Mehlschwitze verrühren, den Eischnee vorsichtig unterheben.

6. Die Souffléform mit Butter ausstreichen und mit Semmelbröseln bestreuen. Die Masse hineingeben. Die Form in einen Topf mit etwas kochendem Wasser stellen und in den Backofen (Mitte; Gas Stufe 3) schieben. In etwa 20 Minuten garen, bis das Soufflé schön aufgegangen ist.

Im Bild oben:
Curry mit Shii-Take-Pilzen
Im Bild unten: Shii-Take-Soufflé

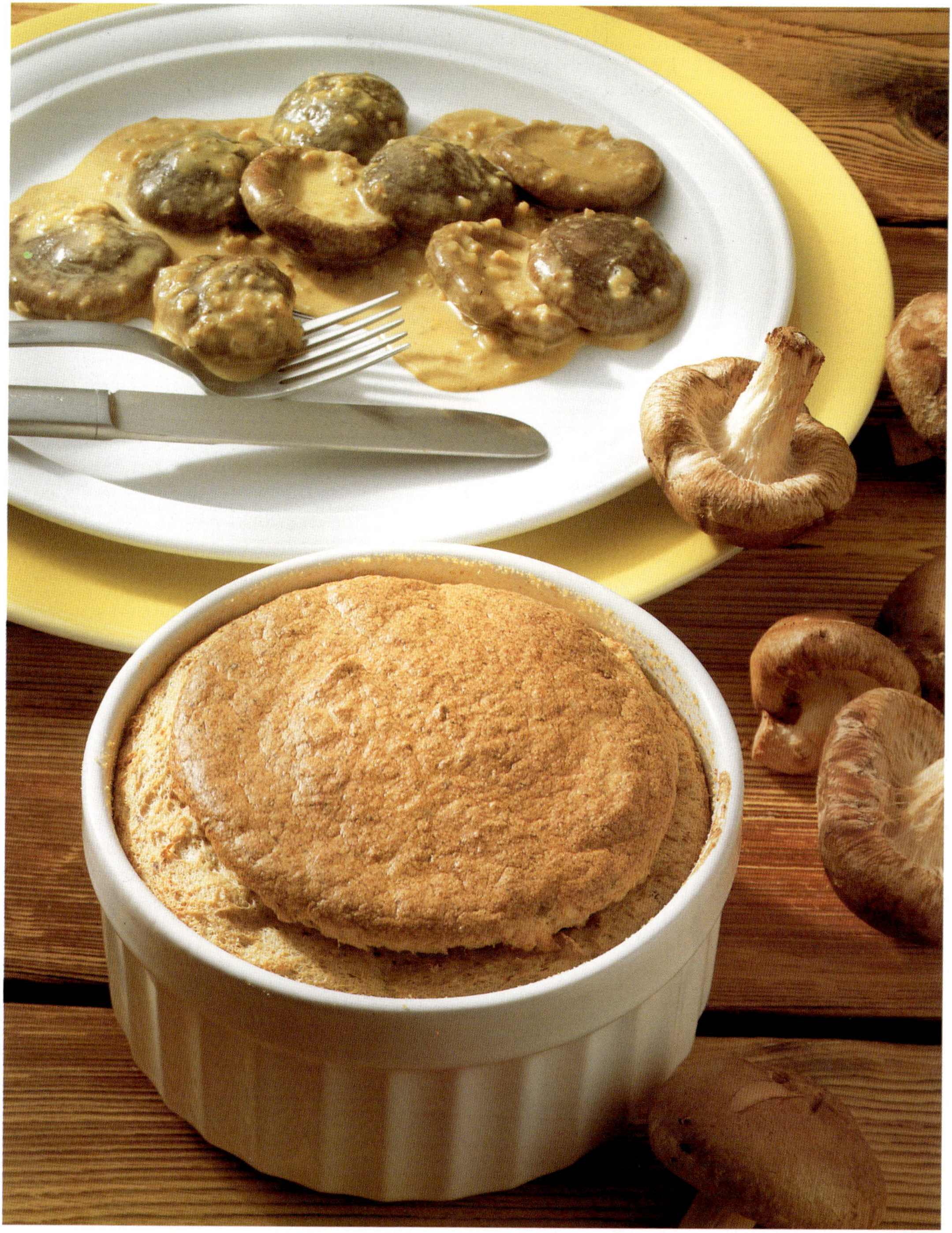

Blätterteig-pastetchen mit Shii-Take

Pastetchen sind zwar aus der Mode gekommen, sie passen aber vortrefflich zu einem Ragout aus aromatischen Shii-Take-Pilzen.

Zutaten für 4 Personen:
500 g Shii-Take-Pilze
50 g magerer roher Schinken
50 g Butter
1 Eßl. Mehl
100 ml Milch
1 Schalotte
1 Gewürznelke
Muskatnuß, frisch gerieben
Salz
200 g Sahne
weißer Pfeffer, frisch gemahlen
1 Bund Petersilie
4 Blätterteigpastetchen

Für Gäste
Gelingt leicht

Pro Portion etwa:
2300 kJ/550 kcal
10 g Eiweiß · 44 g Fett
23 g Kohlenhydrate

● Zubereitungszeit: etwa
1 Stunde

1. Die Pilze putzen und waschen; die Hüte je nach Größe vierteln oder halbieren, die Stiele in dünne Streifen schneiden. Den Schinken eventuell vom Fettrand befreien und ebenfalls in Streifen schneiden.

2. 20 g Butter in einer Pfanne erhitzen, die Schinkenstreifen

und die Pilze darin anbraten. Unter mehrfachem Umrühren bei starker Hitze braten, bis die austretende Pilzflüssigkeit vollständig eingekocht ist. Den Backofen auf 200° vorheizen.

3. In einem Topf die restliche Butter erhitzen, das Mehl darin anschwitzen und mit der Milch ablöschen. Dabei ständig kräftig rühren, damit sich keine Klümpchen bilden. Die Schalotte schälen und die Gewürznelke hineinstecken. Beides in die Mehlschwitze geben und diese etwa 7 Minuten bei schwacher Hitze köcheln lassen. Mit Muskat und Salz würzen. Die Schalotte wieder entfernen.

4. Die Sauce über die gebratenen Pilze gießen, die Sahne angießen und zum Kochen bringen. Mit Pfeffer und Salz würzig abschmecken und heiß halten.

5. Die Petersilie waschen, trockenschütteln und ohne die groben Stiele fein hacken. Die Hälfte der Petersilie in die Pilzsauce geben.

6. Die Blätterteigpastetchen in den Backofen (Mitte, Gas Stufe 3) geben und in etwa 10 Minuten knusprig aufbacken.

7. Die Pilzsauce auf die Pastetchen verteilen. Die übrige Petersilie darüber streuen. Sofort servieren, da der Blätterteig sonst weich wird.

Tip!

Wer bei seinem Bäcker keine Blätterteig-Pastetchen bekommt, kann sie auch ohne großen zeitlichen Aufwand selbst herstellen, am einfachsten aus tiefgefrorenem Blätterteig.

Variante:
Wenn die Pastetchen-Füllung noch etwas exklusiver sein soll, können Sie auch auf das Rezept »Steinpilze in Sahnesauce« (Seite 8) zurückgreifen. Ein echter Höhepunkt jedes Schlemmer-Menüs aber ist die »Morchelsahnesauce« (Seite 26) in Blätterteig-Pastetchen.

Pastetchen mit Pilzfüllung sind eine originelle Vorspeise, eignen sich aber auch als Imbiß.

Maronenröhrling
Xerocomus badius

Er ist im Fichten- und Mischwald zu finden. Der samtig dunkelbraune Hut ist zunächst halbkugelig, wird dann aber flach bis ausgebreitet. Bei nassem Wetter fühlt sich die Huthaut schleimig an. Die Röhren sind in der Jugend grau, später grüngelb. Junge Maronen sehen wegen des kräftigen Stiels fast wie Steinpilze aus. Zu verwechseln sind sie sonst allenfalls mit dem ungenießbaren Gallenröhrling. Da die Belastung dieser Pilzart höher ist als die von anderen, nicht zu oft essen.
In der Küche: Wird der Pilz trocken und fest geerntet, hat man mit dem Putzen keine Mühe. Man schneidet das Stielende weg, wäscht ihn kurz oder wischt ihn noch besser nur mit einem feuchten Tuch ab. Sind die Röhren schon weich und grünlich, sollten Sie sie wegschneiden. Eine leichte Blaufärbung des Fleisches hat nichts zu sagen. Maronen auf keinen Fall roh essen! Die Garzeit beträgt 15–20 Minuten.

Crostata mit Maronenröhrlingen

Diese italienische Spezialität wird aus Mürbeteig zubereitet. Statt Maronenröhrlingen schmecken auch Egerlinge.

Zutaten für 6 Personen:

300 g Mehl

200 g Butter

schwarzer Pfeffer, frisch gemahlen

Salz

400 g Maronenröhrlinge

2 große weiße Zwiebeln

6 Eßl. trockener Weißwein

1 Bund Petersilie

100 g Sahne

2 Eßl. Öl für die Form

Mehl zum Ausrollen und zum Bestäuben der Form

Braucht etwas Zeit
Vegetarisch

Pro Portion etwa:
2100 kJ/500 kcal
7 g Eiweiß · 34 g Fett
43 g Kohlenhydrate

• Zubereitungszeit: etwa
 2 Stunden (davon
 1 Stunde Kühlzeit)

1. Das Mehl mit 150 g in Stücke geschnittener Butter, etwas Pfeffer, Salz und eventuell einigen Teelöffeln Wasser zu einem elastischen Teig verkneten. Diesen zu einer Kugel formen und zugedeckt etwa 1 Stunde kühl stellen.

2. Die Maronenröhrlinge putzen, waschen, halbieren und der Länge nach in nicht zu dünne Scheiben schneiden. Die Zwiebeln schälen und in Ringe schneiden.

3. Die restliche Butter in einer Pfanne erhitzen, die Zwiebelringe darin glasig werden lassen. Die Pilzscheiben hinzufügen und so lange bei starker Hitze mitbraten, bis alle austretende Pilzflüssigkeit eingekocht ist.

4. Den Wein angießen und die Pilze mit Salz und Pfeffer würzen, etwa 10 Minuten köcheln lassen.

5. Den Backofen auf 180° vorheizen. Die Petersilie waschen, trockenschütteln und fein hacken. Mit der Sahne zu den Pilzen geben und die Sauce etwas abkühlen lassen.

6. Eine Springform mit dem Öl einfetten und mit Mehl ausstäuben. Den Teig noch einmal durchkneten, auf der mit etwas Mehl bestäubten Arbeitsfläche in der Größe der Springform ausrollen und in die Form geben. Den Rand rundherum etwas hochdrücken. Den Teig mit einer Gabel mehrmals einstechen.

7. Die abgekühlte Pilzsauce auf den Teig geben. Die Form in den Backofen (Mitte; Gas Stufe 2) stellen und die Crostata in 35–40 Minuten knusprig backen.

Diese knusprige Pilztorte schmeckt am besten mit einer großen Schüssel Salat.

Speckknödel mit Maronenröhrlingen

Zutaten für 4 Personen:
250 g Maronenröhrlinge
1 Zwiebel · 1 Bund Petersilie
5 Brötchen (vom Vortag)
100 g durchwachsener Räucher-
speck · 1/4 l Milch
2 kleine Eier · 2 Eßl. Mehl
weißer Pfeffer, frisch gemahlen · Salz
Muskatnuß, frisch gerieben
1 Eßl. Schnittlauchröllchen

Braucht etwas Zeit

Pro Portion etwa:
1640 kJ/390 kcal
14 g Eiweiß · 22 g Fett
35 g Kohlenhydrate

• Zubereitungszeit: etwa
1 1/2 Stunden

1. Die Maronenröhrlinge putzen, waschen und grob hacken. Die Zwiebel schälen und fein hakken. Die Petersilie waschen, trockenschütteln und ebenfalls fein hacken.

2. Die Brötchen in kleine Würfel schneiden. Den Räucherspeck würfelig schneiden und in einer Pfanne auslassen. Die Zwiebel dazugeben und glasig werden lassen. Dann die Pilze und die Petersilie untermischen und so lange bei starker Hitze braten, bis die austretende Flüssigkeit eingekocht ist.

3. Die Milch und die Eier verrühren und über die Brötchenwürfel gießen. Das Mehl einrühren, die gebratenen Pilze mit Speck und Zwiebeln untermischen und alles mit Pfeffer, Salz und etwas Muskat würzen. Den Teig etwa 20 Minuten stehenlassen. In einem großen Topf reichlich Salzwasser zum Kochen bringen.

4. Den Teig nochmals durcharbeiten, mit nassen Händen große Knödel formen und ins kochende Wasser einlegen. Die Speckknödel etwa 12 Minuten darin ziehen lassen. Einen Knödel herausnehmen und eine Garprobe machen. Alle Knödel abtropfen lassen und mit dem Schnittlauch bestreut – am besten in Brühe – servieren.

Kartoffelkuchen mit Pilzbelag

Zutaten für 6 Personen:
750 g Pellkartoffeln (vom Vortag)
1 Eßl. Mehl · 2 kleine Eier
1 Teel. getrockneter Oregano
1 Teel. getrockneter Thymian · Salz
500 g Maronenröhrlinge
1 Zwiebel
2 Eßl. Öl · 2 Fleischtomaten
schwarzer Pfeffer, frisch gemahlen
100 g Emmentaler, frisch gerieben
1 Eßl. Petersilie, fein gehackt
Butter für die Form

Vegetarisch

Pro Portion etwa:
1000 kJ/240 kcal
13 g Eiweiß · 11 g Fett
24 g Kohlenhydrate

• Zubereitungszeit: etwa
1 1/4 Stunden

1. Die Kartoffeln schälen und grob raffeln. Mit dem Mehl, den Eiern, dem Oregano, dem Thymian und etwas Salz zu einem glatten Teig verarbeiten. Eine Auflaufform mit Butter bestreichen und mit dem Teig auslegen. Die Ränder hochdrücken. Den Backofen auf 180° vorheizen.

2. Die Pilze putzen, waschen und in nicht zu dünne Scheiben schneiden. Die Zwiebel schälen und fein hacken. Das Öl erhitzen, die Zwiebel darin glasig braten. Die Pilzscheiben dazugeben und bei starker Hitze braten, bis alle Flüssigkeit eingekocht ist. Salzen.

3. Die Tomaten waschen und in Scheiben schneiden. Auf den Kartoffelteig legen und mit Pfeffer und Salz würzen. Die Pilze darüber schichten. Mit dem Käse bestreuen.

4. Die Form in den Backofen (Mitte; Gas Stufe 2) stellen und den Kuchen 25–30 Minuten backen. Mit der Petersilie bestreut servieren.

Tip!

Beide Gerichte schmecken auch mit Steinpilzen ausgezeichnet.

Im Bild oben:
Kartoffelkuchen mit Pilzbelag
Im Bild unten: Speckknödel mit
Maronenröhrlingen

Risibisi mit Maronenröhrlingen

Zutaten für 4 Personen:

350 g Maronenröhrlinge

1 mittelgroße Zwiebel

4 Eßl. Distelöl

200 g Reis

100 g ausgepalte frische Erbsen

300 ml Gemüsebrühe

schwarzer Pfeffer, frisch gemahlen

100 g Maiskörner (aus der Dose)

Salz

1 Bund Schnittlauch

1 Zweiglein Bohnenkraut

Gelingt leicht
Vegetarisch

Pro Portion etwa:
1400 kJ/330 kcal
9 g Eiweiß · 12 g Fett
46 g Kohlenhydrate

• Zubereitungszeit: etwa
  50 Minuten

1. Die Maronenröhrlinge putzen, waschen und abtrocknen. Die Pilze in nicht zu dünne Scheiben schneiden. Die Zwiebel schälen und fein hacken.

2. Das Öl in einer schweren Pfanne erhitzen, die Zwiebel darin glasig werden lassen. Den Reis dazugeben und kurz mitbraten. Die Pilzscheiben und die Erbsen untermischen und alles unter Rühren bei starker Hitze anbraten.

3. Die Gemüsebrühe angießen, mit Pfeffer würzen und den Reis und die Pilze zuge

deckt bei schwacher Hitze etwa 15 Minuten garen.

4. Den Mais unter den Pilzreis rühren und noch etwa 5 Minuten ziehen lassen. Mit Pfeffer und Salz nochmals würzig abschmecken.

5. Den Schnittlauch und das Bohnenkraut waschen und trockenschütteln, den Schnittlauch in Röllchen schneiden, vom Bohnenkraut die Blättchen abzupfen und hacken. Die Kräuter unter den Reis mischen.

Tip!

Besonders aromatisch wird dieses Reisgericht, wenn Sie es zusätzlich mit Pilzpulver würzen. Statt Maronenröhrlingen schmecken auch Austernpilze sehr gut.

Penne mit Pilzsauce

Zutaten für 4 Personen:

500 g Maronenröhrlinge

1 Stange Lauch

2 Fleischtomaten

5 Eßl. Olivenöl · Salz

weißer Pfeffer, frisch gemahlen

350 g Penne

5 Salbeiblättchen

1 Bund Petersilie

100 g Parmesan, frisch gerieben

Preiswert • Schnell

Pro Portion etwa:
2300 kJ/550 kcal

26 g Eiweiß · 22 g Fett
67 g Kohlenhydrate

• Zubereitungszeit: etwa
  40 Minuten

1. Die Pilze putzen, waschen und in gleichmäßige Würfel schneiden. Den Lauch putzen, halbieren, sorgfältig waschen und in etwa 1 cm breite Stücke schneiden. Die Fleischtomaten mit kochendem Wasser übergießen, häuten, halbieren und von den Stielansätzen und den Kernen befreien. Die Tomaten in kleine Würfel schneiden.

2. Das Öl in einem Topf erhitzen, den Lauch und die Pilze darin bei starker Hitze etwa 10 Minuten braten, bis die austretende Pilzflüssigkeit ganz eingekocht ist. Die Tomatenwürfel unterheben und die Sauce noch etwa 5 Minuten kochen lassen. Mit Salz und Pfeffer würzen.

3. Inzwischen die Penne in reichlich kochendem Salzwasser »al dente« (bißfest) garen.

4. Die Salbeiblättchen und die Petersilie waschen, trockenschütteln und fein hacken, zur Hälfte in die Sauce rühren.

5. Die Penne abgießen, auf einer vorgewärmten Platte anrichten, mit der Sauce übergießen und mit den restlichen Kräutern und dem Parmesan bestreuen. Sofort servieren.

Im Bild oben:
Risibisi mit Maronenröhrlingen
Im Bild unten: Penne mit Pilzsauce

Zum Gebrauch

Damit Sie Rezepte mit bestimmten Zutaten noch schneller finden können, stehen in diesem Register zusätzlich auch Zutaten wie die einzelnen Pilzarten – ebenfalls alphabetisch geordnet und halbfett gedruckt – über den entsprechenden Rezepten.

IMPRESSUM

Umschlag-Vorderseite: Das Rezept für Pfifferlinge mit Rührei finden Sie auf Seite 19.

© 1994 Gräfe und Unzer Verlag GmbH, München Alle Rechte vorbehalten. Nachdruck, auch auszugsweise, sowie Verbreitung durch Film, Funk und Fernsehen, durch fotomechanische Wiedergabe, Tonträger und Datenverarbeitungssysteme jeder Art nur mit schriftlicher Genehmigung des Verlages.

Redaktion: Cornelia Schinharl
Layout: Ludwig Kaiser
Typografie: Robert Gigler
Herstellung: Peter Pleischl
Fotos: Odette Teubner, Dorothee Gödert, Edmund Garnweidner (Seite 8, 16, 20, 22, 24, 26, 28, 30, 32)
Umschlaggestaltung: Heinz Kraxenberger
Satz: Computersatz Wirth, Regensburg
Reproduktionen: Artilitho, Trento
Druck und Bindung: Schauenburg, Schwanau
ISBN 3-7742-1263-5

Auflage 5.   4.   3.   2.
Jahr 1998 97 96 95

Dr. Renate Zeltner

ist Historikerin und hatte mit Kochbüchern bei ihrer Tätigkeit als Lektorin bei einem Sachbuchverlag zu tun. Als begeisterte Köchin und leidenschaftliche Pilzsammlerin bringt sie hier ihre eigenen kulinarischen Erfahrungen zu Papier. Sie lebt in Österreich.

Odette Teubner

wurde durch ihren Vater, den international bekannten Food-Fotografen Christian Teubner, ausgebildet. Heute arbeitet sie ausschließlich im Studio für Lebensmittelfotografie Teubner. In ihrer Freizeit ist sie begeisterte Kinderporträtistin – mit dem eigenen Sohn als Modell.

Dorothee Gödert

arbeitete nach ihrer Ausbildung zur Fotografin zunächst im Bereich Stillife- und Interieurfotografie. Nach einem Aufenthalt in Princeton/USA spezialisierte sie sich auf Food-Fotografie. Sie war bei namhaften Food-Fotografen tätig. Seit April 1988 fotografiert sie im Fotostudio Teubner.

Wichtiger Hinweis

Dieser GU-Küchen-Ratgeber stellt eine kleine Auswahl an Wildpilzen vor. Zur sicheren Bestimmung müssen Sie jedes einzelne der beschriebenen Erkennungsmerkmale und die dazugehörige Abbildung mit dem gefundenen Pilz vergleichen. Stimmt auch nur ein Merkmal nicht überein, müssen Sie davon ausgehen, daß es sich bei Ihrem Fund nicht um den beschriebenen Pilz handelt. Auch einen zweifelsfrei bestimmten Pilz sollten Sie erst dann zu Speisezwecken verwenden, wenn er Ihnen in all seinen unterschiedlichen Erscheinungsformen genau bekannt ist.

Junge oder unterentwickelte Pilze, die Sie nicht zweifelsfrei bestimmen können, sollten Sie keinesfalls sammeln. Lassen Sie auch alte Pilze stehen, denn das Pilzeiweiß zersetzt sich sehr rasch.

Legen Sie bei geringstem Zweifel die gesammelten Pilze einem Pilzfachmann beziehungsweise einer Pilzberatungsstelle vor.